Bernard Becker

Der alte und der neue Jesuitismus, oder: die Jesuiten und die Freimaurer, eine Klostergefängnisarbeit von Bernard Becker

Zweite, verbesserte Auflage

Bernard Becker

Der alte und der neue Jesuitismus, oder: die Jesuiten und die Freimaurer, eine Klostergefängnisarbeit von Bernard Becker
Zweite, verbesserte Auflage

ISBN/EAN: 9783743300750

Hergestellt in Europa, USA, Kanada, Australien, Japan

Cover: Foto ©Suzi / pixelio.de

Manufactured and distributed by brebook publishing software
(www.brebook.com)

Bernard Becker

Der alte und der neue Jesuitismus, oder: die Jesuiten und die Freimaurer, eine Klostergefängnisarbeit von Bernard Becker

Der alte und der neue Jesuitismus,

oder:

Die Jesuiten und die Freimaurer.

~~~~~~~~

Eine Klostergefängniß-Arbeit

von

Bernhard Becker.

Zweite verbesserte Auflage.

Die erste Auflage wurde binnen 10 Tagen vergriffen.

———————

Braunschweig
1872.

~~~~

Druck von W. Brade jr.

Einleitung.

Der Jesuiten=Orden stammt aus der Zeit, in welcher das Mittel=
alter auf die Neige zu gehen anfing. Weil der Begriff Mittelalter,
indem er ohne strenge Präzisirung nur die zwischen der alten und neuen
in der Mitte liegende Zeit ausdrückt, ziemlich unbestimmt und folglich
einer Verschiedenheit der Auffassung zugänglich ist, sei bemerkt, daß hier
unter Mittelalter die Zeit des Bundes zwischen Adel und Geistlichkeit
verstanden wird, die Zeit, in welcher die von der römisch=katholischen
Kirche vertretene oder vorgeschützte christliche Religion die Gewalt des
weltlichen Armes mit einem göttlichen Nimbus heiligte und der in Dienst=
barkeit gehaltenen großen Masse des Volkes die Unterwürfigkeit, die
Dulbung, das Leiden als religiöse Lebensaufgabe eingeprägt wurde.
Der Adel, mochte er sich nun zum Grafen= und Fürstenthum, zum König=
und Kaiserthum erheben, mochte er als einfaches Ritterthum wuchern
oder in der Zwittergestalt geistlicher Ritterorden erscheinen, theilte sich
mit der Geistlichkeit in die Herrschaft über das ausgebeutete und bedrückte
Volk. An der Spitze der Geistlichkeit stand ein von den obern Trägern
der kirchlichen Gewalt erkürter Wahlfürst, der Papst, und ebenso stand —
wenigstens im deutschen Reiche — an der Spitze des Adels ein Wahl=
fürst, der Kaiser, welcher bis ins elfte Jahrhundert von den sämmtlichen
Adeligen, später aber, namentlich seit der goldenen Bulle des Jahres 1356,
nur von den mächtigsten sieben (beziehentlich neun) deutschen Fürsten
ernannt wurde. Gleichwie auf die Papstwahl der Kaiser Einfluß aus=
übte, ebenso trug ihrerseits die Kirche zur Kaiserwahl durch drei geistliche
Kurfürsten bei. Wenn die Spitzen des Adels und der Geistlichkeit,
Kaiser und Papst, auch zuweilen um den größeren Einfluß mit einander
haberten, wurden sie doch dadurch, daß sie einander brauchten, immer
wieder zusammengeführt. Indeß nicht denselben Grund, wie der Kaiser,
zur Versöhnlichkeit mit dem Papste und der Kirchenherrschaft hatten die
großen adeligen Landbesitzer, die sich sowohl vom Kaiser ganz unabhängig

1*

machen, als auch mit den im Bereiche ihrer Ländereien liegenden geist=
lichen Gütern bereichern wollten. Bei diesen fand, als die geeignete
Zeit zur Beiseitesetzung aller Rücksichten gekommen schien, der Ruf nach
Kirchenverbesserung Anklang, Beifall und Unterstützung. Sie standen nun,
indem sie sich die Geistlichkeit ihrer Landesgebiete unterordneten und so
die eigne Macht erhöhten, gegen Kaiser und Papst zugleich auf.

Die durch eine Menge Verhältnisse begünstigte große Krisis, in
welcher sich die Abschwächung der kaiserlichen und päpstlichen Macht
vollzog, ist unter dem Namen der Kirchen=Reformation bekannt. Papst
und Kaiser hielten, wie ihr beiderseitiges Interesse sie anwies, im hefti=
gen, langen und grausamen Kampfe um Macht und Herrschaft treu zu=
sammen. Allein das deutsche Reich zerfiel und das heilige römische
Kaiserthum hörte auf, an der Spitze der europäischen Christenheit zu
stehen, gleichwie andererseits der Papst einen nicht geringen Theil der
bisher besessenen Gewalt und Einkünfte einbüßte.

Innerhalb dieses Ringens entstand ums Jahr 1540 der Jesuiten=
Orden. Derselbe hatte zum Zweck, nicht nur die römisch=katholische
Kirche vor weiterem Verfall zu behüten, sondern ihr auch die ver=
loren gegangene Macht zurückzuerwerben. Um aber dieß zu können,
mußte er in der Kirche den allbestimmenden Einfluß erlangen und alle
bisherigen Orden in den Schatten stellen. Die christliche Religion
war ihm ein Vorwand für die Kirche, außer der es kein Heil geben
konnte, die Kirche selbst aber diente ihm wieder zum Vorwand, um da=
hinter sein eignes Herrschergelüst zu verbergen. Im Grunde hatten alle
bisherigen religiösen Orden zwar das Heil der christlichen Religion vor=
schützt und selbiges mit demjenigen der römisch=katholischen Kirche ver=
mengt; allein keiner von ihnen hatte sich einen so weiten Rahmen gesteckt
und sich einen so freien Spielraum für seine Thätigkeit vorbehalten.
Namentlich war in keinem von ihnen der Gedanke des Herrschens so
ausgeprägt gewesen und so unverblümt und bewußt hervorgetreten. Die
Jesuiten theilten sich in geistliche und weltliche Brüder. Sie erschienen
also nicht bloß in der jedem Auge erkenntlichen Ordenstracht, sondern
nahmen jede Gestalt an, welche ihnen zur Erreichung ihres Zweckes
förderlich schien. Demgemäß griffen sie auch zu jedem Mittel, wofern
dasselbe im speziellen Falle zum Ziele führte. Den Gehorsam der Mit=
glieder gegen die Oberen des Ordens suchten sie durch Erziehung und
Schulung so vollkommen als möglich zu machen und sie betrachteten sich
als kriegführende Streiter der Kirche, als ecclesia militans, demzufolge
sie sich eine strenge, auf militärischer Zucht beruhende Organisation gaben.

Indeß waren sie weit davon entfernt, in eigner Person, wie einst die Johanniter, Malteser oder Deutsch-Ritter, mit dem Schwerte zu kämpfen. Sie schoben vielmehr bei persönlicher Gefahr Andere, die sich von ihnen benutzen ließen, vor. Ihre Hauptwaffen waren Ränke, Schliche, Entstellungen und die Verdummung vermittelst der Glaubenssätze. Die Grausamkeit und Verfolgungssucht, die Gier nach Schätzen und Ehren für den Orden gehörten zu ihren Haupttugenden. Weil sie aber einsahen, welches Ansehen und welchen Einfluß ein großes Wissen gibt, arbeiteten sich viele unter ihnen zu bedeutender Gelehrsamkeit empor. Diese Gelehrsamkeit benutzten sie jedoch, um die Wissenschaft zu fälschen und dieselbe für ihre Zwecke zu verkehren. Ihre schlimmen Streiche wurden von ihnen mit dem Firniß der Frömmigkeit überzogen.

Die Jesuiten brachten nichts Neues; sie erfanden Nichts. Sie standen vielmehr ganz auf dem Boden der römischen Hierarchie und wollten nur das hauptsächliche Glied derselben sein. Die Schliche und Kniffe, welche sie übten, die Gräuel und Verfolgungen, welche sie anstifteten, fanden sie in der Kirche, wo selbige von verschmitzten Pfaffen Jahrhunderte lang gepflegt worden waren, schon vor. Sie zogen nur die Quintessenz aus dem vorhandenen geschichtlichen Material heraus, stellten die Eroberung der höchsten Macht in erste Linie und machten sich zu den edelsten geistlichen Kavalieren. Weil sie immer die Kirche und die christliche Religion vorschützten, mußte doch ihr General wenigstens äußerlich dem Papste untergeordnet bleiben, sodaß sie keine dauernde, keine unabhängige, keine selbständige allgebietende Macht für sich gründen konnten. Sie mußten somit für die Macht der Kirche, als deren Theil sie sich ausgaben, nicht nur zu arbeiten scheinen, sondern dieß bis zu einem gewissen Grade wirklich thun. Das verschmitzte Spiel hinter den Kulissen, welches ihre Stärke bildete, enthielt zugleich die größte Schwäche des Ordens, insofern derselbe nie zu einer offen anerkannten, vererbenden unabhängigen Macht gelangen konnte.

Was die Wirksamkeit des Jesuiten-Ordens anbetrifft, so sind die Angaben über dieselbe meistens übertrieben worden. Die Jesuiten haben gewiß gar vieles Unheil gestiftet, aber bei Weitem nicht Das ausführen können, was sie gewollt und gesollt. Ist es doch eine hirnverbrannte Idee, nur einen einzigen Augenblick sich der Annahme hinzugeben, daß vermittelst pfäffischer Ränke und Schliche, vermittelst einer Ordens-Verschwörung, der Gang der Weltgeschichte aufgehalten werden könnte! Die Jesuiten bilden eine krankhafte Erscheinung der Reformations-Zeit, ein soziales Geschwür, das bis auf die Gegenwart fortgeeitert hat.

Ihre Mißerfolge übertreffen ihre Erfolge. Da sie auf einer längst überwundenen Zeit fußen, verlieren sie immer mehr Berührungspunkte mit der Gegenwart. Die Fortschritte der Wissenschaft entziehen ihnen täglich neuen Boden. Das Papstthum, statt zu erstarken, wird immer schwächer. Der Glaube an fromme Mährchen nimmt sichtlich ab. Die um sich greifende Industrie mit ihren materialistischen Grundlagen, sowie der unablässig sich vervollkommnende Weltverkehr entreißen die Volksmassen dem erträumten Himmelreiche. Die Verdummungsversuche der Jesuiten und ihre Herrschaftspläne lösen sich somit immer mehr in wahnwitzige, lächerliche Bemühungen auf.

So lange sich die Politik der monarchischen europäischen Staaten noch der Religion als einer Handhabe zum Krieg und Ländererwerb, sowie zum Festhalten des Besessenen vornehmlich bediente, so lange konnte der alte, in der Religion wurzelnde Jesuitismus bedeutsam und gefährlich erscheinen. Die religiöse Periode der Staatsmannskunst ist jedoch längst vorbei. Gegenwärtig schützen die Staatsleute, um die Völker zu regieren und zu unterjochen, die nationale Ehre, Größe, Würde, die nationalen Interessen vor, weil die christlich-religiöse Idee ihre Zugkraft verloren hat. Auch werden wir weiterhin sehen, daß der moderne Jesuitismus unserer Staatsmänner dem alten des christlichen, von Loyola gestifteten Ordens, weit überlegen ist.

Erstes Kapitel.

Die Gegenfüßler der Jesuiten.

Zwei Klassen Privilegirter sind es besonders gewesen, die dem alten Jesuitismus eine traurige Berühmtheit verschafft haben: die protestantische Geistlichkeit und der herrschende protestantische Adel. Noch mehr aber, als durch sie beide, ist seit den Zwanzigerjahren des vorigen Jahrhunderts der Jesuitismus durch den Freimaurer-Orden in Verruf gebracht worden.

Was die protestantische Geistlichkeit anbelangt, so liegt ihr Interesse, die Streiter der römisch-katholischen Kirche zu bekämpfen, auf der Hand. Für die weniger befähigten unter ihnen war es eine Brot-, für die mehr befähigten eine Machtfrage. Daß sie sich mit vorzüglichem Grimme gegen die Jesuiten in dieser Befehdung richten mußten, ist gleichfalls leicht verständlich. Denn die Jesuiten fügten ihnen den meisten Schaden zu. Selbige waren ihnen nicht nur häufig an Gelehrsamkeit und Spitzfindigkeit überlegen, sondern übertrafen sie auch meist an Menschenkenntniß, Erfahrungsklugheit und Lebensgewandtheit. Solche gefährliche Feinde mußten natürlich in den frommen Deklamationen, die sie vor ihren gläubigen Schafen hielten, auf das Aergste verschrieen werden. Ich erinnere mich noch aus meiner Kindheit, daß unter dem Landvolke meiner Heimath, eines ganz protestantischen Landstrichs, durch fromme Eiferer das alarmirende Gerücht verbreitet worden war, die Jesuiten hätten die Brunnen vergiftet. Ist einmal gegen eine im Verborgenen und mit Verschlagenheit wirkende Gesellschaft ein Vorurtheil ins Leben gerufen, so wächst dasselbe gleichsam von selbst fort, und die übertriebensten Gerüchte, so albern sie auch sein mögen, finden selbst in den Kreisen der gebildeten Welt Eingang und bereitwilligen Glauben. Das Geheime kommt der Menge unheimlich vor. Wo die Handlungen, ehe sie in ihren Resultaten zu Tage treten, nicht offen, wo die Grundsätze zweideutig und moralisch anfechtbar sind, da läßt sich, zumal wenn es sich um eine wohlorganisirte und wegen ihres unbedingten Gehorsams gegen diktatorische Obere Fehlgriffen und Verirrungen ausgesetzte Gesellschaft handelt, alles Schlimme voraussetzen. In ihrer fanatischen Voreingenommenheit haben die protestantischen Eiferer fast ganz übersehen, daß es, so gut wie unter den protestantischen Geistlichen, auch unter den Jesuiten Männer aufrichtigen Wandels, d. h. beschränkte, folgsame Köpfe, gibt, und daß der feindliche Orden, dessen Blüthe in eine vergangene Zeit fällt, ebenfalls den Gesetzen der Geschichte unterworfen ist.

Der Kampf der protestantischen Geistlichen mit den Jesuiten war sonach ein Pfaffenkampf. Jede von beiden Parteien suchte das Volk auf ihre eigne Weise zu verdummen, trachtete der Gegenpartei den Vorrang abzugewinnen und verlästerte dieselbe auf die hämischeste Weise. Anstatt der vom Christenthum vorgeschriebenen Feindesliebe waltete auf beiden Seiten der grimmigste Haß und die schändlichste Verfolgungssucht. Auch die protestantischen Geistlichen verfehmten die Andersgläubigen, übten Gewissenszwang aus, kerkerten sogenannte Gotteslästerer ein und verbrannten Ketzer mit Hülfe der weltlichen Obrigkeit. Sie hatten ihre Hexen-Prozesse und ihre Kirchenstrafen. Die protestantische Kirche war herrsch- und habgierig gleich der katholischen. Eine Menge Abgaben und Zinse, Gebühren und Steuern hatte sie aus dem Katholizismus mit herübergenommen, sie besaß Kirchengut und suchte sich namentlich, um gegen die Wechselfälle des Krieges, des Feuers und der Revolution gesichert zu sein, durch liegende Gründe zu decken. Sie maßte sich die Aufsicht über die Schulen an, verstand die Gesetzgebung zu beeinflussen und behauptete unter dem Titel der Trauung das Privilegium der geschlechtlichen Vereinigungen, die Brautsteuer oder das Recht des Schürzenzinses, des mittelalterlichen „Bunzengroschens". Arme Mädchen, die, ohne durch die Kirche in geschlechtliche Sklaverei gebunden zu sein, sich hatten beschwängern lassen, behandelte sie mit der boshaftesten Tücke und Härte. Die Gewissens- und Forschungsfreiheit, welche das Wesen der Reformation ausgemacht oder doch ihr ihre geistige Berechtigung gegeben hatten, suchte sie mit allen Mitteln zu vernichten. Sie hatte wieder ihren Ritus, ihre Sakramente, ihr Glaubensbekenntniß nebst der ewigen Verdammniß sogar ohne die mildernde Zwischenstufe des läuternden Fegefeuers. Ferner hatte sie ihre Rangstufen und Titulaturen, ihre privilegirte Tracht und das Vorrecht, auf der Kanzel zu predigen, ohne daß Jemand widersprechen durfte. Sie heiligte den ungerechten Krieg und fungirte, Gebete verrichtend, neben Henker und Scharfrichter bei der Hinrichtung. Sie lebte von der Unwissenheit der im blinden Glauben erzogenen Menge. Jeden Menschen innerhalb ihres Herrschaftsbereiches nahm sie gleich nach der Geburt in Beschlag und hielt ihn in ihren Krallen, bis er in die Erde gesenkt wurde. Selbst noch beim Begräbniß mußten an sie Abgaben entrichtet werden.

Jede Kirche, vorzüglich aber jede Staatskirche, ist jesuitisch; denn sie wirft sich zum Richter der „Gewissen" auf, ist der Wissenschaft und dem Kultur-Fortschritte feindlich und bildet einen Zufluchtsort für viele heuchlerische Tagebiebe und gleißnerische Inquisitoren. Darum ist es verfehlt, wenn die Demokratie die Trennung der Kirche vom Staate fordert. Damit es besser werde, muß sammt dem alten privilegirten Staate die Kirche ganz verschwinden! Die Schule aber muß nicht allein von der Kirche, sondern auch von dem in den Händen der Bevorrechteten befindlichen Staate befreit werden.

Die Geistlichen der protestantischen Kirche sind also, wenn sie geistliche Herrschaft, lukrative Stellung, mit dem Gemeinwohl im Widerspruch stehende Ehren und die Gefangenhaltung der menschlichen Vernunft erstreben, ebenfalls Jesuiten — aber Jesuiten einer besondern Färbung und eines besondern Schlages, die ihren Namen und Ursprung verläugnen. Gleich dem verschrieenen Orden schützen sie ebenfalls Himmlisches vor, um Irdisches zu erlangen. Jede Hierarchie ist Jesuitismus.

Im protestantischen Staate ist die geistliche Herrschaft der weltlichen untergeordnet worden. Der über weite Landstrecken gebietende, zum Fürstenthum aufgerückte große Adel hat die Reformation benutzt, um sich von dem mit der römisch-katholischen Kirche verbundenen Kaiser unabhängig zu machen. Während das dumme Volk das reine Evangelium, das unverfälschte Wort Gottes und die ewige Seligkeit zu erlangen glaubte, erlangte der große Adel eine Menge geistlicher Güter und die Landes-Souveränität. Es war natürlich, daß die römisch-katholischen geistlichen Oberen, unter ihnen aber vorzüglich die des Jesuiten-Ordens, die römisch-katholisch gebliebenen Höfe fortwährend anhetzten, um die protestantischen Obrigkeiten unter das kaiserlich-päpstliche Joch zurückzuzwingen und sie zur Herausgabe des verschluckten Kirchenguts zu nöthigen. Aus solchen Hetzereien entsprangen nicht nur Protestanten-Verfolgungen in katholischen Staaten und ihnen entsprechende Katholiken-Verfolgungen in protestantischen Ländern, sondern es wurde auch der dreißigjährige Krieg herbeigeführt, in welchem Deutschland gleichmäßig durch römisch-katholische und protestantische Heere verwüstet wurde. Während dieses gräulichen Kampfes, welcher den Zersetzungs-Prozeß des „Heiligen Römischen Reiches Deutscher Nation" darstellt, verbündeten sich die protestantischen Fürsten mit den ausländischen Monarchen und brachten fremde Heere ins Land. Das

Alles geschah zur größeren Ehre Gottes um der Erlangung oder Behauptung weltlicher Macht und Herrschaft willen. Wäre das deutsche Volk seit der Einführung des Christenthums nicht so tief in den gemüthlichen Unverstand christlicher Träumerei versunken gewesen, hätten solche fromme Schandthaten nicht geschehen können. Es wäre ganz einseitig, wollte man annehmen, daß lediglich die Hetzereien der Jesuiten den dreißigjährigen Krieg herbeigeführt hätten. Nein, derselbe war ein langvorbereiteter Kampf um politische Macht und soziale Herrschaft, in welchem die protestantische Empörung von der kaiserlich-päpstlichen Obrigkeit unterdrückt werden sollte. Die Religion bildete für beide Theile nur den Vorwand. Der dreißigjährige Krieg konnte nicht durch die Jesuiten aus dem Nichts hervorgezaubert werden. Er war das mehrhundertjährige Resultat der deutschen Reichsgeschichte. Der große Adel hatte für sich im Bunde mit den nach Erblichkeit der Kaiserwürde trachtenden Habsburgern das Recht der Kaiserwahl an sich gerissen, die auf Einführung der Republik abzielenden Städtebünde waren vom verbündeten Adel niedergeworfen und auch die nach Verbesserung ihrer Klassenlage und nach Reichseinheit strebenden Bauern gründlich besiegt worden. Alle diese Kämpfe hatte der das Landesfürstenthum besitzende große Adel siegreich bestanden. Nach jedem Siege über das Stadt- und Landvolk war er mächtiger geworden. In der Reformationszeit wurde zum ersten Male dem Kaiser eine Wahl-Kapitulation vorgelegt. Der erste kapitulirende Kaiser war Karl V., dessen Gesandter die Bedingungen der Fürsten am 3. Juli 1519 annahm. Von jetzt ab mußte jeder der folgenden Kaiser, wenn er gewählt sein wollte, sich zu Zugeständnissen an die ihn wählenden Fürsten verstehen. Zudem mußte im Jahre 1555 der Kaiser den lutherischen Ständen einen besonderen Religionsfrieden bewilligen, wodurch die auf die Religion sich stützende Empörung des protestantischen Adels eine staatsrechtliche Sanktion erhielt. Durch den westphälischen Frieden wurden auch die Reformirten in den staatsrechtlichen Schutz eingeschlossen und der Besitzstand, um den sich der ganze Religionsstreit im Grunde — wenigstens insoweit die herrschende Klasse dabei in Frage kam — drehte, so als rechtsbeständig angenommen, wie er am 1. Januar 1624 gewesen war. Die aus der Reformation Vortheil ziehende herrschende Klasse hatte ganz jesuitisch gehandelt. Sie hatte die geistliche Rebellion des Volkes begünstigt und benutzt, um ihrerseits die weltliche Revolution durchzuführen. Das Volk war von ihr mit den Luftgebilden des reinen Wortes Gottes abgespeist worden, während sie die substantiellen Vortheile für sich in Sicherheit gebracht hatte.

Mit dem dreißigjährigen Kriege ging für Deutschland die Periode zu Ende, in welcher der hohen Politik der Staaten in ihrem Verhältniß zu einander die Religion als Motiv gedient hatte. Nach dem westphälischen Frieden wurden die Religionsfragen auf den Reichstagen nicht mehr durch Mehrheit der Stimmen entschieden. Die erkämpfte Gleichberechtigung der protestantischen (lutherischen und reformirten) Bekenntnisse hatte die Zaubermacht der religiösen Vorwände lahm gelegt. Bei Reichskriegen wurde nun die Reichs=Generalität von beiden „Religionen“ (d. h. vom römisch=katholischen und vom evangelisch=lutherisch=reformirten Bekenntnisse) zu gleicher Anzahl bestellt. Hiermit war den alten Jesuiten, die den weltlichen Arm zu benutzen pflegten, die Haupthandhabe für Anzettelung von Religionskriegen genommen. Hinfort mußten sie sich mit untergeordneten Streichen begnügen. So gelang es ihnen noch im Jahre 1727, den Salzburger Erzbischof von Firmian zur Ausrottung des Protestantismus in seinem Herzogthume anzuhetzen: worauf jedoch 26,000 Bauern durch die Vermittelung des Reiches die Auswanderung nach Holland, Preußen und Amerika gestattet wurde. Durch die Protestanten=Verfolgungen, welche die Jesuiten in Frankreich anstifteten, brachten sie gegen eine Million gewerbfleißige Emigranten nach Deutschland, England und andern Ländern und führten, freilich ohne es zu wollen, eine in ihren Folgen sehr wohlthätige Völkermischung herbei*).

*) Anm.: In Dr. Hermann Adalbert Daniel's Handbuch der Geographie, III. Theil, Deutschland, heißt es auf Seite 729:

„A. v. Sternberg in den „Erinnerungen““ stellt den überraschenden Satz auf: „Berlin ist nur durch die Juden Das, was es ist““ .... Gewiß ist das Judenthum ein sehr wichtiger Zug in der Physiognomie von Berlin, aber demselben einen wesentlichen Einfluß auf den Volkscharakter zuzuschreiben, sind wir nicht im Stande. Auch treten solche jüdische Lineamente doch besonders erst in dem letzten Drittel des verwichenen Jahrhunderts hervor: der berlinische Charakter ist älter. Wenn nun auf der andern Seite Schilderungen aus der Zeit des dreißigjährigen Krieges wesentliche Züge des jetzigen Berliners vermissen lassen, so müssen bestimmende und Epoche machende Einflüsse in der Zeit von 1650 bis etwa 1720 Statt gehabt haben. Und deßhalb stimmen wir W. Menzel in seiner deutschen Geschichte zu. Franzosen mischten sich mit den Berlinern und brachten in den Charakter derselben „was man sprüchwörtlich das Pfiffige und Windige der Berliner nennt.““ Wir fügen die geistige Regsamkeit und Beweglichkeit billiger Weise hinzu. Wenn wir uns daran erinnern, daß Berlin 1685 noch nicht 20,000 Einwohner zählte, daß sich Tausende von eingewanderten Franzosen zwischen ihnen niederließen, so kann es uns nicht auffallen, daß die französische Kolonie einerseits allmählich deutsch wurde, ebensowenig aber, wenn der Grundstock der Stadtbevölkerung geistige Eigenthümlichkeiten der Fremden in sich aufnahm und eigenthümlich verarbeitete.“ — Aehnliches gilt für das Magdeburgische und verschiedene Striche Frankens.

Den Teutschen waren unter dem Einflusse des mittelalterlichen Kaiser=
reichs die Köpfe dergestalt religiös verschroben worden, daß ihre gemüth=
volle Hirnkrankheit nur durch die schreckliche Krisis des dreißigjährigen
Krieges sich hatte austoben können. In so hohem Grade war durch das
Kaiserreich — den Bund zwischen dem Abel und dem Pfaffenthume —
dem deutschen Volke das gesunde Denken und die Selbstänbigkeit be=
nommen worden, daß es darauf ganz dem hohen Abel, der sich die
Pfaffen unterthan gemacht hatte, zur Beute fiel. Nachdem die Religion
in der Politik den Vorwand herzugeben aufgehört hatte, trat zunächst an ihre
Stelle das fürstliche Erbrecht als Prätext für Kriege, wie unter andern
aus dem spanischen Erbfolgekriege, den schlesischen Kriegen und dem bai=
rischen Kartoffelkriege erhellt, bis endlich durch den Einfluß der fran=
zösischen ersten Revolution sich für die deutsche Staatenpolitik — durch
den Befreiungskrieg von 1813 und den schleswig=holsteinischen Krieg
von 1848 — die Nationalitäts=Idee als Kriegsvorwand allmählich
Bahn brach.

Hatte aber auch die Religion in der äußern Politik aufgehört, als
bestimmendes Motiv vorgeschoben zu werden, blieb sie doch als vorzüg=
liches Herrschmittel in der innern Politik. Den Unterthanen gegenüber
leiteten die Fürsten, gleich als ob sich nicht aus der Geschichte die Mittel
und Wege, durch welche sie zu Besitz, Macht und Würde gelangt, er=
sichtlich wären, ihren Ursprung „von Gottes Gnaden" her. Die pro=
testantischen Fürsten waren durch die Reformation zu obersten Bischöfen
ihrer Landeskirchen geworden. In der Annahme, daß sie über die Unter=
thanen, wenn diese nicht unter der Zuchtruthe der Landeskirche gehalten
würden, nicht regieren könnten, machten sie die Volksschulen zu Religions=
Anstalten, verfolgten die Freidenker, engten die in der Reformation er=
strittene Gewissensfreiheit in den Glaubenszwang des lutherischen und
reformirten Glaubensbekenntnisses ein, erließen Gesetze gegen Gottes=
lästerung, Religionsschmähung und Ritus=Verspottung, ergriffen Maßregeln
gegen die freie wissenschaftliche Forschung und verwandelten die Univer=
sitäten in Erziehungsanstalten für Staatsdiener. In den Kirchen ließen
sie durch die Geistlichen jeden Sonntag für sich beten. Sonst benutzten
sie die Religion, um sich von jedem zum Manne herangewachsenen Unter=
than den Huldigungseid schwören zu lassen. Die Staatsleute behaup=
teten, daß ein schlechter Christ auch ein schlechter Unterthan sein müsse.
Kurzum, im protestantischen Staate, sogut wie im katholischen, heiligte
der Zweck das Mittel. Hierzu kam, daß protestantische Fürsten sofort
katholisch wurden und lutherische zur reformirten Kirche übertraten, wenn

ein solcher Religionswechsel ihnen Ländererwerb zu verschaffen versprach. Ich will nur auf die sächsische und preußische Regentengeschichte mit dieser kurzen Bemerkung hindeuten.

Verfuhren die Regierenden aber auch selbst jesuitisch, blieben ihnen doch die alten Jesuiten verhaßt, zumal da dieselben, wie z. B. der Jesuit Mariana, die Lehre des Tyrannenmords und des Revolutionsrechts der Völker gegen Bedrückung verkündeten. Die That eines Ravaillac blieb den Zwingherren in frischem Andenken. Als es im vorigen Jahrhundert an den Höfen Mode geworden war, über die Religionen zu spotten, wurde zwar der alte Jesuiten=Orden in vielen europäischen Ländern aufgehoben; allein die Jesuiten fanden eine Zuflucht in nichtkatholischen Ländern, namentlich in Preußen unter dem sogenannten „großen" Könige Friedrich II., und im griechisch=katholischen Rußland. Endlich sahen die Regierenden allseitig ein, daß die Jesuiten durch Anfachung von Religions= Streitigkeiten den Glaubenseifer belebten und daher auch den protestan= tischen Fürsten nützlich waren. Die Jesuiten wurden daher bald überall wieder willkommen geheißen. Besonders beuteten dieselben die Erschei= nungen des Illuminaten=Ordens und der ersten französischen Revolution aus, um ihre Nothwendigkeit zu beweisen. Wäre durch die philosophischen Wissenschaften das Volk aufgeklärt und vom Christenthume befreit worden, würde auch bald die Herrschaft der Fürsten zu Ende gewesen sein. Durch die wissenschaftliche Ausrottung des christlichen Glaubens wären aller= dings die römisch=katholischen Jesuiten auf ganz sichere Art um allen Einfluß gebracht worden; allein in solchem Falle wären auch die pro= testantischen Jesuiten um ihre ganze Macht gekommen. Seit dem Unter= gange der ersten französischen Republik datirt der stillschweigende Bund zwischen den katholischen und protestantischen Jesuiten. Die nunmehrige Feindschaft zwischen ihnen ist erheuchelt; denn sie brauchen einander. Vor= züglich wiederum in der Reaktions=Periode nach dem Jahre 1848 trat dieser fromme Bund zwischen den katholischen und protestantischen Jesuiten unver= blümt hervor, indem erstere selbst im protestantischen Preußen frei herum= ziehen und ganz offen Missionspredigten halten durften. Die protestantische „Innere Mission" und die sonstigen Pietisten der preußischen Landeskirche wetteiferten jetzt mit den alten Jesuiten. Da aber die einen den anderen durch den Gegensatz des Glaubensgezänkes zu andächtigen Zuhörern verhalfen, mußte man im protestantischen Lande, damit die jesuitische Dienstleistung vor sich gehen konnte, auf den Jesuiten=Orden noch schimpfen und in der hef= tigen Befeindung desselben scheinbar unausgesetzt fortfahren. Auf das ähn=

liche Bismarck'sche Marionetten-Spiel im preußischen Kasperle-Theater
werden wir weiter unten zu sprechen kommen.

Wir gehen jetzt auf die Freimaurer über. Selbige gelten in römisch-
katholischen Gegenden als die erbittertsten Feinde des Jesuiten-Ordens.
Gleich dem Jesuiten-Orden bildet der Freimaurer-Orden einen geheimen
Bund und fordert von seinen Mitgliedern den unbedingten Gehorsam
der Verschwiegenheit. Während man die geistlichen Mitglieder des Jesuiten-
Ordens immer noch an ihrer Ordens-Tracht erkennen kann und nur die
weltlichen dem profanen Auge verborgen bleiben, entzieht der Freimaurer-
Orden sich der Oeffentlichkeit in allen seinen Graden. Indeß weiß man
aus Ländern, wo in Folge der politischen Entwickelung mehr Oeffentlichkeit, als in Deutschland, vorhanden ist, daß dort sich rückschrittliche und
fortschrittliche, aristokratische und demokratische, monarchische und republi-
kanische, kapitalistisch-monopolistische und sozialistische Logen gegenüberstehen.

„Die Freimaurer-Gesellschaft", heißt es im Wörterbuche der französischen Akademie, ist „eine geheime Verbindung, welche einen sinnbild-
lichen Gebrauch macht von den üblichen Arbeits-Instrumenten des Bau-
meisters und Maurers, und deren Mitglieder sich an Orten, welche Logen
genannt werden, vereinigen . . . . Der Ursprung der Freimaurer ist
sehr ungewiß."

Auch sind hin und wieder dicke Bücher über die Freimaurerei erschienen, so z. B. in Paris die „Malerische Geschichte der Freimaurerei" mit
Abbildungen, worin jedoch auf lächerliche Weise, weil ganz phantastisch, die
Freimaurerei, anstatt sich als eine vernünftige Geschichte darzustellen, in
fabelhafte Zeit zurückgeführt wird, indem offenbar das Bestreben vor-
waltet, der Geheimnißkrämerei durch das geschichtliche Dunkel des freimaurerischen Ursprungs einen altehrwürdigen Anstrich und Beigeschmack
zu geben. Aus andern Schriften erfahren wir, daß in den meisten
europäischen Ländern, z. B. in Schweden, England und Deutschland,
in welch' letzterem Lande das englische oder schottische „System" vor-
herrschend ist, die Freimaurerei dem Königthum dient. Ein bedeutendes
Verdienst, zur Aufhellung der freimaurerischen Geheimnißkrämerei beige-
tragen zu haben, gebührt dem einstigen Göttinger Philosophen Chr.
J. Krause, welcher die Freimaurerei im Sinne des Fortschrittes reformiren
wollte, aber wegen der Veröffentlichung der Geschichte und des Formel-
krames jener Verbindung bis an seinen Tod verfolgt wurde.

Aller Wahrscheinlichkeit nach stammt die Freimaurerei aus der Zeit
der englischen Restauration her; denn die Mythe vom erschlagenen
König Hiram deutet auf den Kampf der Anhänger der Kronprätendenten

nach dem Falle von Cromwell's Republik*). Sie hängt also mit der
Besetzung des englischen Thrones durch das Haus Braunschweig zusammen und verpflanzte sich in Folge dieser Besetzung von England
nach Deutschland auf sehr erklärliche Weise. Weil sie jedoch hier zunächst
ganz objektlos war, beschäftigte sie sich das vorige Jahrhundert hindurch
in Deutschland mit vergeblichen Versuchen, Gold zu machen, oder auch
durch die Auffindung des Steines der Weisen ein Mittel gegen das
Sterben zu erhalten, oder mit Geisterbeschwörungen und mit vielen andern
Narretheien. Alle diese Dinge sprechen dafür, daß die Freimaurerei zu
Anfang des vorigen Jahrhunderts entstanden ist. Aus eben diesem Grunde
der Objektlosigkeit und um ihr einen vernünftigen Zweck unterzulegen,
gründete kurz vor der französischen Revolution der Professor Weishaupt
den Illuminaten=Orden, dessen Mitglieder sich der höchsten Staatsämter
zu bemächtigen strebten und in dessen höchstem Grade als das kostbarste
Geheimniß die Gleichheit aller Menschen und die Abschaffung des erblichen Eigenthums gelehrt wurde. Als die Illuminaten schon gute Fortschritte gemacht hatten, wurde ihr Bund entdeckt und als staatsgefährlich
verfolgt. Die übrigen deutschen Freimaurer, die unterdessen immer noch
nach dem Steine der Weisen suchten und unter denen sich eine Menge
Schwindler herumtrieben, erkannten die Illuminaten nicht als zu ihnen
gehörig an und blieben gehorsame Unterthanen. Nachdem der preußische
König Friedrich II. aus Neugierde zu Braunschweig in dem nunmehr
weggerissenen alten Logengebäude, welches in der Breitenstraße stand,
sich in den Orden hatte aufnehmen lassen, blieb er schon nach Kurzem
von dem Besuche der Loge wieder weg, weil er sah, daß Nichts hinter
der Geheimnißkrämerei stak. Doch ist in dem Eintritt Friedrichs II. in
die Braunschweiger Loge der Anfang zu der Verbindung der deutschen
Freimaurerei mit dem preußischen Königshause zu suchen. Nach schotti-
schem Ritus gilt das in England übliche Erbrecht insofern, als immer
der älteste Sohn oder nächste Erbe eines Mitgliedes wieder Freimaurer
wird. Daher erbte die Freimaurerei in der preußischen Königsfamilie
fort. Die Freimaurer waren es, die 1848 den Republikanern entgegen-
arbeiteten, indem sie unter der Führung Gagern's den König von Preußen
zum Erbkaiser von Deutschland zu machen suchten. Die Republikaner
wurden aus den Logen ausgeschlossen. Der Prinz von Preußen, der

---

*) Das Wörtchen „frei“, welches Epitheton dem Namen „Maurerei“ vorge-
setzt ist, scheint ein wichtiger Fingerzeig für die Vermuthung, daß die Entstehung
der Freimaurerei in eine Zeit fällt, wo schon die sogenannten „liberalen“ Ideen
Platz gegriffen hatten.

Protektor der preußischen Landeslogen, war es, der gegen den Reichs=
verfassungs=Aufstand zu Felde zog und in Baden standrechtete, aber
auch den ihn im Voraus als Kaiser begrüßenden Apostaten Professor
Kinkel, der später aus dem Zuchthause zu Spandau befreit wurde, als
Bruder Freimaurer am Leben ließ*). Auf dem von Friedrich II. ge=
gründeten Lustschlosse Sansouci zu Potsdam erhebt sich am östlichen
Eingange ein Triumphbogen mit der ungrammatikalischen Inschrift:

„Dem Führer und Kriegern, welche den Aufruhr in der Rheinpfalz und in
Baden 1849 besiegten".

Obschon und gerade weil die Freimaurer Deutschlands vorgeben,
keine Politik zu treiben, bilden sie in Deutschland die preußische Kaiser=
partei. Sie sind die schleichenden Reaktionäre, welche im außerpreußischen
Deutschland, besonders im deutschen Süden, für das Haus Hohenzollern
preußische Propaganda machen. Im Jahre 1848 hatten sie sich in
Oesterreich eingeführt, wurden aber wieder ausgemärzt. Als ihnen nach
dem Kriege von 1866 Ungarn geöffnet worden war, schlichen sie sich auch
in Zisleithanien ein. Doch wir wollen nicht ohne Weiteres die Freimaurer
als Propagandisten preußischer Herrschaft hinstellen. Zudem werden wir
im Folgenden den nunmehrigen Kaiser Wilhelm von Hohenzollern ganz
aus dem Spiele lassen und ihn nur noch an wenigen Stellen erwähnen,
wo wir diese Erwähnung aus historischen Gründen nicht gut vermeiden
können. Wo also der frühere Prinz von Preußen, der spätere Prinz=
Regent, König von Preußen und Kaiser von Deutschland Wilhelm I.,
nicht ausdrücklich, wie nur noch an fünf Stellen geschieht, von uns im
Folgenden erwähnt werden wird, wolle der Leser annehmen, daß wir
ihn mit der Freimaurerei als gar nicht in Verbindung stehend gedacht

---

*) Arnold Ruge, als ihm noch nicht die Zähne ausgefallen waren, nannte
deßhalb seinen Mitezilirten Gottfried Kinkel den „Spion des Prinzen von Preußen". — Ruge schrieb darauf die „Loge des Humanismus", gerieth aber gelegentlich
des Nationalitäten=Schwindels selber 1866 völlig ins preußische Fahrwasser, wie
er denn schon 1861 sich in seiner Broschüre: „Was wir brauchen?" einen un-
verbesserlichen Preußen nannte. — Gottfried Kinkel hat die Worte, in denen er
im Voraus den Prinzen von Preußen vor dem Kriegsgerichte als Kaiser von
Deutschland hochleben ließ, selbst berichtet in dem von ihm zu London gegründeten
„Deutschen Wochenblatt Hermann". — Dagegen fielen als standrechtlich erschossene
Helden der republikanischen Sache: Adolph v. Trützschler, Max Dortu, Karl
Höfer, Böhning, Valentin Streuber, Andreas Counis, Gebhard Kromer, Elsen-
hans, Näff u. s. w. u. s. w. — Während der am Leben gelassene Gottfried Kinkel
rief: „Es lebe der Kaiser!", starben diese Helden mit dem Rufe: „Es lebe die
Republik!"

haben und daß wir ihn also keineswegs verantwortlich halten für Das, was die deutschen Freimaurer thun und treiben, oder was sie überhaupt im Entferntesten angeht. Indem wir uns auf diese Weise gegen etwaige staatsanwaltliche Mißverständnisse von Vornherein aufs Nachdrücklichste verwahren, setzen wir voraus, daß die Freimaurer, wenn sie für das preußische Kaiserthum die Wege gebahnt haben oder noch bahnen, ganz ohne Vorwissen, Anordnung, Verabredung oder Zustimmung des nunmehrigen Kaisers Wilhelm I. gehandelt haben. Aber wir werden auch, wie schon gesagt, nicht ohne Weiteres die Freimaurer als Propagandisten preußischer Herrschaft darstellen. Wir wollen vielmehr zuvörderst die Behauptung der deutschen Freimaurer als erwiesen voraussetzen, wonach sie vorgeben, daß sie die wahre Menschlichkeit fördern und daß sie, indem sie sich von der Politik fern halten, überall gute Unterthanen oder Staatsbürger sind.

Wenn nun die Freimaurer, indem sie ihrem Orden alle berühmten alten Geheimbünde vindiziren, ihren Ursprung sich im Dunkel der Vorzeit verlieren zu lassen bemüht sind, und wenn sie demgemäß die mittelalterlichen rheinischen Maurerbünde, den Orden der Tempelherren, die eleusinischen Geheimnisse der alten Griechen, den Bau des Tempels Salomonis bei den alten Juden und den Geheimbund der alten ägyptischen Priester auf romantische Weise — mit Einschluß der beiden Religionsstifter Jesus und Moses — in die Geschichte ihrer Gesellschaft einbeziehen: so möchten wir sie fragen: ob der angebliche Zweck des Freimaurer-Ordens, nämlich die Förderung wahrer Menschlichkeit, auch schon in allen den erwähnten Geheimbünden zu finden gewesen sei, oder ob derselbe vielleicht erst ganz neuen Ursprungs ist? Würde dieser Zweck nicht bei den alten Geheimbünden klar und unumstößlich nachzuweisen sein, so würde die Kontinuität zwischen diesen und den Freimaurern von selbst wegfallen. Ist aber der angebliche Zweck erst neueren Ursprungs, so möchten wir wissen, ob die Freimaurer als solche seit ihrem Auftauchen in der ersten Hälfte des vorigen Jahrhunderts immer denselben verfolgt und gekannt haben, und wenn nicht: in welchem Jahre der christlichen Zeitrechnung dieser Zweck zuerst für die Freimaurer aufgestellt und von ihnen allseitig anerkannt worden ist?

Uns wenigstens will bedünken, daß die Freimaurer nicht die „wahre" Menschlichkeit förderten, als sie Gold zu machen suchten und Geisterbannerei trieben. Der Freimaurer Schröder, welcher sich im vorigen Jahrhunderte im Leipziger Rosenthale erschoß, scheint sich eben so wenig mit „wahrer" Menschlichkeit befaßt zu haben, wie jener Pariser Bruder,

2

der, um den Stein der Weisen zu erzeugen, sich kurz vor der ersten französischen Revolution zweimal mehrere Wochen lang ohne alle Nahrung und Kleidung in die Loge einschließen ließ, indem er — das Obere und Untere mit dem Mittlen verbindend — seinen eignen Urin trank. Oder förderte etwa Cagliostro sammt den Magnetismus=Wunderthätern die „wahre" Menschlichkeit? Wurde sie wohl durch den Freimaurer Napoleon Bonaparte befördert, der erklärte, daß die von ihm hingeschlachteten Menschen nur Kröten wären, der aber zahlreiche Feld=Logen errichtet hatte? Ja, als der Prinz von Preußen 1849 in Baden die Reichsverfassungskämpfer niederwarf und die hervorragenden gefangenen Demokraten, die keine Freimaurer waren und zu Preußen in keinem bindenden Verhältniß standen, standrechtlich erschießen ließ: förderte er da wohl „wahre" Menschlichkeit?

Allons donc! Geht uns doch mit eurem Firlefanz! Ihr mögt euch meist unter= und miteinander fördern, aber weder die Menschlichkeit, noch die Menschheit geht in den engen Rahmen eurer geheimen Verbindung!

Wäre es aber wahr, daß die Freimaurer die Menschlichkeit förderten, so müßte man sich wundern, daß sie trotz vielhundertjähriger redlicher Anstrengungen so wenig erreicht hätten. Sie nehmen im Staate die einflußreichsten und lohnendsten Aemter ein, die reichsten Leute gehören zu ihnen, sie zählen in ihrem Orden viele Barone, Grafen, Fürsten, Herzöge, ja es sind Könige und Kaiser unter ihnen: — gleichwohl herrscht unter ihrem Einflusse politische Bedrückung und soziales Elend. Was noch mehr, sie verfolgen Diejenigen, welche die politische Bedrückung und das soziale Elend abschaffen wollen.

Die Wahrheit ist, daß die Gleichheit und Bruderschaft nur bei ihnen in der Loge gilt. Selbst die niederen unter ihnen werden außerhalb der Loge von den mächtigen, reichen und angesehenen häufig hochmüthig behandelt.

Im Ganzen jedoch wird von ihnen Jeder, der ein Bruder Freimaurer ist, vor den übrigen Menschen bevorzugt. Bewerben sich um eine Stelle, die ein Freimaurer zu vergeben hat, verschiedene Aspiranten, unter denen es einen Freimaurer gibt, so gilt die Maxime, daß der Freimaurer die Stelle erhält und seine Mitbewerber leer ausgehen müssen. Die Unbrüderlichkeit, die Ungleichheit, welche in solchem Falle beobachtet wird, ist ein offener Verstoß gegen die Menschlichkeit. Schon dergleichen Verstöße allein können als Beweise für die Gemeinschädlichkeit der Freimaurer gelten.

Bei Wahlen stimmen und agitiren die Freimaurer für den Kandi-

daten, der zu ihrem Orden gehört, ausgenommen in Fällen, wo derselbe
sich etwa auf ein politisch oder sozial radikales Programm verpflichtet
hat. So wurde bei den Wahlen für die konstituirende Versammlung
des Norddeutschen Bundes 1867 dem Leipziger Kandidaten Ludwig
Würkert von den Leipziger Logenbrüdern die Unterstützung verweigert,
weil derselbe sich auf das sozial-demokratische Programm verpflichtet hatte.

Wird eine neue Stelle, eine neue Institution geschaffen, suchen dieselbe, wofern sie einigermaßen wichtig und lohnend ist, die Freimaurer
durch einen der Ihrigen zu besetzen. Aehnlich verfahren sie in allen
Vorkommnissen des politischen, religiösen und sozialen Lebens. Ueberall
suchen sie ihren Einfluß zu erweitern und maßgebend zu machen. Namentlich zählen sie unter den Staatsbeamten viele Mitglieder mit ein-
träglichen und wichtigen Aemtern. Will ein ehrgeiziger junger Beamter
Carriere machen, muß er unter die Freimaurer treten. Vorzüglich ist
dieß im preußischen Kaiserreiche der Fall, welches als eine Schöpfung
der Freimaurer anzusehen ist.

Der Geheimbund verfolgt sein Sonder-Interesse. Das Gemeinwohl
der Menschheit stimmt nicht mit dem Sondervortheile des Geheimbundes.
Im Gegentheil stehen beide einander gegenüber, und die Freimaurer
bilden nur Schmarotzer der menschlichen Gesellschaft. Zu den Freimaurern gehören eine Menge unreiner Elemente: Wucherer und Ausbeuter, herzlose Unterdrücker und frömmelnde Tyrannen. Eine gute
Anzahl Menschenschlächter, Eroberer und Kriegsungeheuer sind Ordensbrüder gewesen.

Freilich, die Freimaurer geben vor, daß sie sich nicht um Politik
bekümmern und daß sie immer gute Unterthanen sind. Bei ihren Festen
gehört der erste Toast dem Souverän des Landes. Wäre indeß auch
diese Loyalität und angebliche Neutralität aufrichtig gemeint, so würde
der Geheimbund nichtsdestoweniger unter die politischen Parteien zu
rechnen sein. Ein so zahl- und einflußreicher Geheimbund, wie der der
Freimaurer, könnte in unserer bewegten Zeit sich nicht der Politik entziehen. Er bildete demnach eine konservative, träge, reaktionäre Partei.
Die Neutralität allein würde ihm innerhalb des allgemeinen Kampfes
einen politischen Platz anweisen. Würde er aber seinen Einfluß auf das
rein soziale Gebiet beschränken, so wäre er dessenungeachtet politisch, da
die sozialen Verhältnisse die Grundlage des politischen Lebens ausmachen.

Zu bewegten Zeiten, wie die Gegenwart, ist alles Neutrale reaktionär, weil hemmend und durch seine träge Masse Widerstand leistend.
Die Bewegungspartei ruft den „neutralen" Freimaurern zu:

Jeder nehme Partei, stand schon im Gesetze des Solon.
Gegen mich ist, wer nicht für mich, hat Christus gesagt.
Drum, Neutrale, ihr seid als unsere Feinde zu achten:
Ihr seid reaktionär, weil nur den Fortschritt ihr hemmt.

Der reaktionäre Geist der Freimaurerschaft offenbart sich besonders in der Zeit der demokratisch=sozialistischen Revolution. Die Freimaurer haben alsdann ihre Bundesbrüder zu retten. Da kommen Polizei= verwalter und gehässige Beamte, Renteniere und fabrikantliche Arbeiter= Ausbeuter, eine lange Reihe von Baronen, Freiherren, Grafen, Fürsten, Herzögen, Konsistorial=, Kommerzien=, Regierungs= und Geheimräthen, Ministern, Königen und Kaisern ins Gedränge. In der großen Enkyklopädie von Ersch und Gruber wird behauptet, daß 1848 in den Wahlspruch: „Frei= heit, Gleichheit, Brüderlichkeit“ — die Brüderlichkeit von den Freimaurern eingeschmuggelt worden sei, um die Schrecken der Revolution zu mildern. Es ist das allerdings eine jener Behauptungen, welche man im Allge= meinen unter die den Freimaurern eigenen Geschichtsfälschungen rechnen muß. Der erwähnte Wahlspruch stammt nicht aus dem Jahre 1848, sondern ist in dasselbe aus der Zeit der ersten französischen Revolution übertragen und damals, wie aus Louis Blanc's Revolutionsgeschichte er= sichtlich, von Bernhard Martin zuerst aufgestellt worden. Aber wahr ist, daß die Freimaurer die Ihrigen zu retten gesucht, das Volk vor Ueberstürzung gewarnt und daher die Brüderlichkeit der Reaktion zur Anerkennung zu bringen gesucht haben. In den ersten Tagen des Frankfurter Parlaments 1848 steckten in der Loge die falschen Brüder jeden Tag die Köpfe zusammen. (Siehe die Nummern des „Frankfurter Journals“ aus jener Zeit, in denen jeden Tag Logenversammlung ange= zeigt ist.) —

Wir haben schon oben erwähnt, daß die preußische Erbkaisermacherei 1848 von den Freimaurern ausging. Der Prinz von Preußen, hieß es, sei sehr ungehalten darüber gewesen, als sein Bruder die Kaiserkrone nicht annahm und als dieser schöne Plan „wahrer“ Menschlichkeit mit dem zu Bronzell erschossenen Schimmel verendete. Während der nun eintretenden Reaktion stellte bekanntlich Manteuffel den Prinzen von Preußen unter geheime Ueberwachung.

Als hierauf 1859 in Folge des italienischen Nationalitäten=Kampfes der „Deutsche National=Verein“ entstand, agirten hinter demselben die Freimaurer. Koburg mit der Loge „Ernst“ war ein Hauptherd. Im Juni 1862 wurde auf den Koburger Herzog unter den Annoncen der „Hamburger Nachrichten“ ein freimaurerisches Gedicht veröffentlicht, das die Rückkehr des Herzogs von der afrikanischen Elephanten-Jagd feierte und dessen einer Vers so lautete:

> „Im Bau des Vaterlandes
> Fehlt noch so mancher Stein,
> Den rechten auszuwählen
> Darfst Du beim Bau nicht fehlen:
> Mit Ernst muß er gewählet sein!"

Aber der „rechte" war schon längst gefunden! Nach dem Mißlingen der preußischen Union und dem Wiederzusammentritt des deutschen Bundestags hatten sich die Freimaurer damit getröstet, daß der Prinz von Preußen der Annahme der Kaiserkrone geneigt gewesen sei, und sie hegten die Hoffnung, daß mit der Zeit einer der Ihrigen auf dem Hohenzollern-Throne sitzen und das von ihnen herbeigewünschte Kaiser-reich realisiren werde. Von „wahrer" Menschlichkeit war freilich hierin bei ihnen keine Spur zu finden. Sie zeigten sich vielmehr beschränkt national und huldigten der Nationalitäts-Schwindelei im schlimmsten Sinne. Erst hatte der Hohenstaufe Friedrich der Rothbart aus dem Kyffhäuser erwachen und, wenn ihm zum dritten Male der Bart durch den Tisch gewachsen sein würde, die blutige Schlacht schlagen sollen, welche nothwendig wäre, damit der Baum, woran Barbarossa seinen Schild gehängt, grünen könnte. Mitunter hatten sie gar an das Auferstehen Karls des Großen, der im Diesenberge bei Warburg als verzauberter Ritter träumen sollte, gedacht.

> „Er ruht in „diesem Berge"" — Westphalen heißt der Grund —
> Wenn's Zeit ist aufzustehen, er weiß die rechte Stund'."

Auf solche verwünschte Prinzen setzten sie ihre Zuversicht. Immerhin aber waren es Prinzen, an denen ihre Hoffnung hing, und es war bezeichnend genug immer die Restauration der Vorzeit, die ihnen der Höhepunkt Deutschlands zu sein schien. Gleich den alten Jesuiten steckten sie sich hinter mächtige Herrscherhäuser, um ihre tollen Pläne zu realisiren. Die alten Jesuiten hetzten hinter dem Hause Habsburg, die modernen hatten sich hinter das Haus Hohenzollern verschanzt. Als endlich der preußische Prinz-Regent König geworden war, entbrannte der Krieg von 1866. Triumph der schwarzweißen Brüder über die schwarzgelben!

Geheime hier, Geheime da! Der eine Geheim-Orden versichert, dem andern die Weltherrschaft streitig zu machen. Im Grunde gehören

sie beide in die Rumpelkammer. Daß aber die Freimaurer nicht
der neuen Zeit und den zivilisatorischen Bestrebungen angehören, zeigen
sie schon durch ihre Karnevals = Kleidung in der Loge, ihre Faschings=
Gebräuche, ihre schwülstigen Ausdrücke! Leider hat das deutsche Volk
für diese Marotten viel Haare und viel Blut lassen müssen. Die Butze= .
männer mit dem Schurzleder kommen ihm theuer zu stehen.

Der Kampf, den die Freimaurer gegen den Jesuitismus zu führen
vorgeben, ist eitele Verkennung. Der alte Jesuitismus, der die Re=
ligion zum Vorwand für seine Zwecke nimmt, hat seine Kraft und
Schneide verloren; der moderne Jesuitismus, welcher die Humanität als
Schurzleder führt, ist bei Weitem gefährlicher.

Nach dem Kriege von 1866 brach der Hohenzollerisch=Bonapartistische
Kampf von 1870 aus. Selbiger nahm eine spanische Thronbesetzungs=
Intrigue zum Vorwand. In diesem Kampfe nun gewahrten wir ein
ganz eigenthümliches Schauspiel. Es waren nicht die alten Jesuiten
und die Freimaurer, die sich befehdeten, sondern die Freimaurer be=
kämpften sich unter einander. Die deutschen und französischen Frei=
maurer befriegten sich. Der französische Große Orient und das in
Deutschland geltende schottische System standen einander in Waffen
gegenüber.

Wie die Jesuiten streben die Freimaurer nach Herrschaft und zwar
nach Weltherrschaft. Anstatt die „wahre" Menschlichkeit zu fördern, sind
die deutschen Freimaurer preußisch = monarchische Hausknechte geworden,
die ihre Kelle dazu verwenden, um für Preußens Herrschergeschlecht
eine kaiserliche Zwingburg zu errichten, in der die deutsche Vernunft
verschmachten soll. Weil sie keine selbständigen Ideen, keine eigenen
schöpferischen Gedanken, keine vorurtheilslose Menschen= und Weltkenntniß
besitzen, sind sie, wie die meisten Gelehrten, die sie in ihrer Mitte zählen,
reaktionär und haben die längst abgegriffenen Bestrebungen des Tugend=
bundes und der von Wiederherstellung des alten deutschen Reiches träu=
menden, selig entschlafenen Burschenschaft in sich aufgenommen. Wie
überhaupt der Allgerechtigkeit, stemmen sie sich der Arbeiter=Emanzipation
und der Abschaffung der feudalen Lohndienste entgegen, indem sie
die „wahre" Menschlichkeit in der Schonung und dem Schutze, den sie
den Ausbeutern und Bevorrechteten gewähren, erblicken. Im Grunde
gewähren sie diesen Schutz der eigenthümlich gearteten Menschlichkeit nur
ihren eigenen Mitgliedern und sich selber. Darum denunzirten die in
Händen der Freimaurer befindlichen Zeitungen, vor allen andern die
Brockhaus=Biedermann'sche „Deutsche Allgemeine" in Leipzig, die Sozial=

Demokraten den Behörden und riefen eine preußisch-nationale Sozialisten-Hetze hervor*).

Die französischen Freimaurer dagegen sind mehr mit der Zeit fortgeschritten. Zwar hängen auch viele von ihnen noch am nationalen Wesen; aber unter ihnen trifft man doch zahlreiche Kosmopoliten, die wirklich rein menschlichen Bestrebungen huldigen. Es gibt in Frankreich demokratische und sozialistische Logen, während man in Deutschland lauter krebsartig monarchische findet.

Weil in den französischen Logen ein republikanisch-humanistischer Geist weht, deßhalb erlaubte Louis Bonaparte zu Anfang der sechziger Jahre dem „Großen Orient" nicht mehr die Großmeisterwahl, sondern zwang ihm erst den unwürdigen Murat und dann einen seiner Haudegen als Großmeister auf. Die französische Freimaurerei stellte er unter strenge polizeiliche Kontrolle. Bei den deutschen Freimaurern, obschon im Strafgesetzbuche, sowie in den Vereins- und Versammlungsgesetzen keine Ausnahme zu ihren Gunsten enthalten ist, schien eine solche Kontrolle insofern nicht nöthig, als sie bis zum Steißbein preußisch-kaiserlich-reaktionär waren. Wegen der freieren Gesinnung der französischen Freimaurer waren die deutschen auf sie nicht gut zu sprechen.

Die französischen Freimaurer waren für den friedlichen freiheitlichen Fortschritt der Menschheit, die deutschen dagegen schwärmten für den National-Krieg, der das alte deutsche Reich wiederherstellen und einen Hohenzollern mit weltgebietendem Einfluß zum deutschen Erbkaiser machen sollte. Dieser Zwiespalt trat in dem preußisch-französischen Kriege offen hervor.

Als nämlich Wilhelm von Hohenzollern in Begleitung seines Sohnes Friedrich zur Belagerung von Paris sich anschickte, wurden Vater und Sohn in aller Form seitens der französischen Freimaurer der beleidigten Menschheit angeklagt und im Oktober 1870 nach der rue Rousseau in Paris vorgeladen, um sich daselbst von einem Freimaurer-Tribunal richten zu lassen. Da die Geladenen den französischen Freimaurern die Kompetenz absprachen und nicht erschienen, wurden sie in contumaciam verurtheilt. Seitdem dauert der Freimaurerkrieg ununterbrochen fort. Die deutsch-kaiserlichen haben sich im vorigen Jahre fest zu organisiren gesucht und den Logen von Straßburg und Metz ist im Monat Februar dieses Jahres par ordre do mufti befohlen worden, aus dem französischen Freimaurer-Verbande auszuscheiden. Die monarchisch-englischen

*) Von unserem Tadel nehmen wir ausdrücklich etwaige, uns allerdings völlig unbekannte Abkömmlinge und geistige Erben der Illuminaten aus.

Freimaurer, die erst neuerdings dem Prinzen von Wales, dem Be=
wunderer und Nacheiferer Napoleon's III., wegen seiner Genesung kon=
gratulirten, neigen sich ihren Geistesverwandten zu, indeß die meisten
Freimaurer der Vereinigten Staaten sich als Republikaner zeigen.

Der Kampf der deutschen Freimaurer gegen die Moral des alten
Jesuiten=Ordens ist somit nicht viel mehr als Trugbild. Die altkatholische
Bewegung, die sie zur Belebung des Kaiserreiches hervorzurufen gesucht
haben, zündet nicht im Volke, weil sie an sich reaktionär ist. Das deutsche
Kaiserreich ist ein todtgeborenes Kind, mag es sich mit dem römischen
Papste und dem Obergeneral der Jesuiten verbinden oder nicht. Hiergegen
hilft kein Lutz und kein Döllinger. Was aber die internationalen
Jesuiten betrifft, so wird das Volk gut thun, nicht zu vergessen, daß
der Freimaurer=Orden nicht, wie der Internationale Arbeiterverein, ein
offener Bund mit erlaubten Zwecken, sondern ein internationaler Ge=
heimbund mit versteckten Bestrebungen ist. Es ist ein Bund mit ge=
heimen Obern, was sich diejenigen freimaurerischen Richter merken mögen,
welche ungerechterweise die offen zu Werke gehenden Sozialisten wegen
angeblich gesetzwidriger Verbindung verurtheilen.

Zweites Kapitel.

Die jesuitische Sittlichkeit.

Man macht den Jüngern Loyola's besonders ihre Morallehre zum Vorwurf. Sie lehren nämlich, daß der Zweck das Mittel heiligt. Diesen Satz lehren sie nicht nur, sondern sie bethätigen ihre Lehre auch im Leben. Es ist nicht zu läugnen, daß dieser Satz mit der in der christlichen Moral geprebigten Feindesliebe schwer in Einklang zu bringen ist. Da aber keine Religion logisch ist, lassen sich auch aus dem christlichen Glauben für den angefeindeten jesuitischen Lehrsatz verschiedene unterstützende Belege anführen. Zunächst ist laut den vom Konzilium zu Nikäa allein für gültig erklärten vier Evangelien, die in vielen Punkten von den zahlreichen verworfenen abweichen, sicher, daß Jesus, der sagenhafte Stifter des Christenthums, die Feindesliebe selber nicht immer ausgeübt hat. Die Pharisäer und Schriftgelehrten werden von ihm gescholten und verflucht, die Teufel ausgetrieben, die Wechsler mit Stricken aus dem Tempel verjagt. Es gibt Sünden wider den heiligen Geist, die nicht vergeben werden. Wenn ferner der Gott des Alls, um die Menschheit zu erlösen, eine bereits verlobte Jungfrau beschattete und nach alltäglicher Vorstellung den Bräutigam zum Hahnrei machte, könnte es scheinen, als ob hier der Zweck das Mittel heiligte. Das Gleiche gilt von dem unschuldigen Leiden und Sterben des Sohnes Gottes für die Menschheit, indem hier der sündlose Sohn, um den Zorn des Vaters zu versöhnen, lediglich für die verlorene Menschheit büßen muß. Wird doch auch der Sohn vom Geist in die Wüste geführt, auf daß er vom Teufel versucht werde, und die Menschen werden noch heute zufolge dem christlichen Glauben durch Gottes Anordnung in Versuchung geführt: weßhalb die Christen im „Vaterunser" beten: „Und führe uns nicht in Versuchung!" Die christliche Kreatur dient, gleichalsob der Zweck das Mittel heiligte, zur Verherrlichung Gottes. Ferner ist es laut der Moral des Christenthums erlaubt, den Sabbath zu brechen, um einen ins Wasser gefallenen Ochsen oder Esel nicht umkommen zu lassen, und die Gläubigen dürfen am Sabbath die Arbeit des Essens verrichten, gleichwie am christlichen Ruhetage — dem in den Evangelien noch nicht erwähnten Sonntage — die christlichen

Prediger die Hauptarbeit ihres geistlichen Handwerks verrichten. Der christliche Sonntag ist nicht auf den jüdischen Sabbath verlegt worden. Dagegen wurden die Hauptfeste der „Heiden" in christliche Hauptfeste umgewandelt, indem denselben ein anderer Inhalt untergelegt wurde. Auch hier heiligte der Zweck das Mittel. Alle diese Thatsachen des christlichen Glaubens sprechen für den angefochtenen Satz der jesuitischen Sittenlehre.

Die heiligen Schriften des alten Bundes wimmeln geradezu von Belegen für die Jesuiten-Moral. Es sei hier nur an den Auszug der Israeliten und an den Einzug derselben ins Land der Verheißung erinnert, wobei vom zornigen Nationalgott selber Diebstahl, Raub und Mord angeordnet wird. Der unbedingte Befehl desselben heiligt im alten Bunde jede an sich verruchte That des blinden Gehorsams.

Wir dürften vielleicht die Handlungen der protestantischen Geistlichen selber des Weitern anführen, die von denen der katholischen Geistlichkeit nicht sehr verschieden sind. Wir könnten als unsere unmaßgebliche Ansicht anführen, wie gewisse Prediger des lautern Wortes Gottes jungen und hülflosen Menschen die Taufe und das Christenthum aufzwingen, wie sie den ängstlichen und kranken Menschen Himmel und Hölle vormalen, wie sie auf die Ausstattung des geistlichen Amts mit irdischen Gütern bedacht sind, wie sie im Geheimen von einer Wissenschaft naschen, die sie öffentlich verdammen, wie sie mit ihren Gemeinden und mit Privaten Prozesse führen, wie sie die Strenge des weltlichen Armes zu ihrem Schutze anrufen, wie sie Andersgläubige und Ungläubige — vielleicht ganz unwissentlich — beschimpfen und verläumden, wie sie hin und wieder Ketzer und Selbstmörder vom christlichen Begräbniß ausschließen, wie manche sich vor der Welt den Anschein von Heiligen geben und dergl. mehr. Wir wollen jedoch über sie, indem wir unsere unmaßgebliche Ansicht nicht des Weitern ausführen oder begründen, den Mantel der christlichen Liebe decken, in den sie zu gewissen Zeiten sich einzuhüllen pflegen.

Doch wollen wir darauf hinweisen, daß in jeder Religion der Zweck das Mittel heiligt. Es ist das ein Gesetz, welches aus dem Wesen der Religion selber folgt. Die bis zum Wunder der Willkür gegipfelte Fülle der Macht, welche den Gottheiten durch den Glauben zugeschrieben wird, macht den Willen derselben nicht bloß maßgebend, sondern verwandelt ihn geradezu in die unbedingte Richtschnur für die Handlungen der Menschen. Der Wille der Gottheiten ist heilig, unfehlbar, unanfechtbar. Wer ihn erfüllt, handelt gut und wird von den Göttern

geliebt und belohnt. Die Allmacht kann das Gute in Böses und das
Böse in Gutes verwandeln. Sie darf parteiisch verfahren und Gnaden=
wahl ausüben. Macht ist Recht. „Viele sind berufen, aber nur wenige
sind auserwählt." Wenn somit die Jünger des Loyola den Satz auf=
stellen, daß der Zweck das Mittel heiligt, sind sie sich eines allen Reli=
gionen zu Grunde liegenden Gesetzes bewußt und sprechen dasselbe offen
aus. Wenn ein Religiöser den Jesuiten jenen Satz zum Vorwurf macht,
zeigt er damit nur, daß er entweder sich über seine religiöse Stellung
zur Gottheit nicht klar geworden ist, oder daß er nicht Alles bekennt,
was er weiß. Die reservatio mentalis, die jesuitische Lehre von den
erlaubten Hintergedanken, ist im Grunde nur ein Ausfluß von jener
Moral, nach welcher der Zweck das Mittel heiligt. Sie dient als Be=
schwichtigung eines noch religiösen Gewissens und braucht daher von
uns nicht besonders behandelt zu werden.

Es fragt sich nun, wie es um die Jesuiten=Moral steht, wenn man
sie vom nichtreligiösen Standpunkte aus beurtheilt.

Um eine solche Beurtheilung auszuüben, ist zunächst die Frage zu
entscheiden, ob es außerhalb der Religionen auch Moral gibt. Wer aus
atheistischen Gründen die Moral läugnet, weil sie ihm als Anhängsel
und Zuthat der Religion erscheint, für den ist der ganze Streit schon
entschieden, so daß es keines Urtheils bedarf. Wer nicht annimmt, daß
der Mensch freien Willen hat, sondern wer einsieht, daß die Handlun=
gen der Menschen dem Kausal=Nexus aller Dinge unterworfen sind, für
den gibt es keine Moral im herkömmlichen religiösen Sinne. Ein Solcher
wird keinen Menschen absolut verantwortlich halten für Das, was der=
selbe gethan hat. Der Mensch ist ihm ein Produkt des Orts und der
Zeit und benimmt sich als solches. Ein vernünftiger Gesellschaftsforscher
erkennt, daß die Gesellschaft, in der ein Mensch aufwächst und erzogen
wird, diesen hauptsächlich zu Dem macht, was er ist. Der Eine findet
sich als Armer, der Andere als Reicher, der Eine als Sklave, der
Andere als Herr, der Eine als Schwacher und Siecher, der Andere als
Starker und Gesunder in die gesellschaftliche Gliederung ohne sein Zuthun
eingereiht. Der Eine wird mit glänzenderen Anlagen als der Andere
geboren, der Eine besser als der Andere erzogen, ferner der Eine mehr
als der Andere in Versuchung geführt. Während bei dem Einen volle
Harmonie in seiner Konstitution vorhanden ist, wiegen bei dem Andern
gewisse Kräfte, einzelne Triebe, besondere Neigungen, besondere Sinne
vor. Zu diesen Verschiedenheiten gesellt sich der Einfluß des Klimas,
der Nahrung und Wohnung. Der Mensch ist ein Land= und Luftthier,

welches des Lichts bedürftig ist, meint Strabo. Aus der Ungleichheit der menschlichen Bedingungen folgt nothwendig die Ungleichheit der menschlichen Handlungen. Wo aber keine Gleichheit der Bedingungen vorhanden ist, da kann auch nicht der gleiche Maßstab, den die religiöse Moral doch voraussetzt und anlegt, zur Anwendung gebracht werden. Als gleichen Maßstab betrachtet die christliche Moral das Gewissen, welches von ihr die Stimme Gottes im Menschen genannt wird. Dieses Gewissen und der freie Wille — Beides transszendentale wundervolle Kräfte — gelten ihr für ausgemacht, obschon es auffallen müßte, daß, wenn alle Menschen mit dem Gewissen und dem freien Willen gleich begabt wären, diese sogenannten Seelenkräfte nicht über sie alle gleiche Macht hätten, ganz abgesehen davon, daß der persönliche allmächtige Gott, weil er Alles erschaffen und angeordnet haben soll, selber die Menschen tugendhaft und lasterhaft gemacht haben muß. Nach dem Dafürhalten des Gesellschaftsforschers schwebt die religiöse Moral ganz in der Luft, schließt sich aber, insofern sie nicht schwärmerisch ist, an einen bestimmten (konkreten) Gesellschafts= und Eigenthumszustand an, indem sie zu dessen Zusammenhalt und Erhaltung beizutragen bemüht ist. Die alten Jesuiten wollten den Gesellschaftszustand, in welchem die römisch=katholische Kirche die erste Rolle spielte, wiederherstellen und aufrechterhalten. Kein aufrichtiger Religiöser kann die soziale Frage verstehen, kein religiöser Heuchler sie aufrichtig fördern wollen.

Wie sehr die Handlungen des Menschen von den Zuständen, unter denen er lebt, bedingt sind, ergibt sich aus der Statistik. Wenn z. B. in Wien etwas über die Hälfte aller Geburten unehelich sind, so darf man mit Fug und Recht annehmen, daß dieses Resultat von den dortigen gesellschaftlichen Zuständen, unabhängig von dem Willen des Einzelnen, hervorgebracht wird. Da sich nämlich dieses Resultat jedes Jahr durchschnittlich gleichbleibt, so muß jeder vernünftige Mensch schließen, daß gewisse allgemeine Soziabilitäts=Bedingungen, die sich ebenfalls gleichgeblieben sind, es nothwendig erzeugen. Wie sehr aber wieder diese vielen unehelichen Geburten auf die dortigen Handlungen, d. h. auf die Sitten der Bevölkerung einwirken, vermag nur Derjenige einzusehen, welcher weiß, daß die Thaten, gleich den Gedanken, deren Ausdruck sie sind, aus einander folgen, daß sie mit einander verkettet sind und daß deßhalb eine Charakteristik der Bevölkerung in den ständigen Sitten liegt. Daß dieß sich so verhält, ist keineswegs wunderbarer, als daß die durchschnittliche Lebensdauer in Wien 28,7 Jahre beträgt. Auch diese Lebens=

dauer hängt, obschon sie zum großen Theil aus klimatischen Verhältnissen folgt, mit den Sitten zusammen, indem sie dieselben beeinflußt.

Namentlich liefert die Statistik der Verbrechen den Beweis, daß die Handlungen der Einzelnen nicht frei sind. In jedem Lande finden, gemäß der ihm eigenthümlichen gesellschaftlichen Zustände, jährlich eine konstante Zahl Diebstähle, Raubanfälle und Mordthaten statt. Selbige vertheilen sich regelmäßig in bestimmtem verschiedenen Maße auf die verschiedenen Besitzverhältnisse und wiederholen sich mit der größten Beständigkeit, so= daß sie mit Sicherheit vorausgesagt werden können. Die Gesellschaft bildet den Einzelnen, der gerade in ihr unter ungünstige Bedingungen seit seiner Geburt gestellt ist, zum Verbrecher heran und liefert ihm, so= bald die gesellschaftliche giftige Frucht reif ist, die Gelegenheit und die Mittel, das Verbrechen zu begehen. Somit sind die Verbrechen nur die Symptome gesellschaftlicher Krankheit und sie können im günstigen Falle als soziale Reinigungs = Prozesse angesehen werden. Man beschränkt, mildert und vermindert sie nicht durch kriminalistische Strafen, die nur den Einzelnen, nicht aber die Gesellschaft für das begangene Verbrechen verantwortlich halten, sondern durch Verbesserung der gesellschaftlichen Zustände. Weil die Gesellschaft selber in ihrem Schoose die Verbrecher ausbrütet und großzieht, und weil die Verbrechen Symptome gesellschaft= licher Krankheit sind, geschieht es auch, daß jenen großen gesellschaft= lichen Krisen, welche als politisch-soziale Revolutionen auftreten, gewöhnlich große Verbrechen als An= und Vorzeichen vorhergehen.

Was aber von den Verbrechen wahr ist, gilt auch beziehungsweise von den Tugenden. Auch diese, wie alle Handlungen des Menschen, hängen von den gesellschaftlichen Bedingungen ab.

Wenn Gesetzgeber und Richter bei einzelnen Verbrechern mildernde Umstände annehmen, bei den andern jedoch in der Regel nicht, so zeigen sie nur ihre Befangenheit, ihre Inkonsequenz, ihre Oberflächlichkeit, ja ihre völlige Blindheit bezüglich der Naturgeschichte der Verbrechen. Ge= setzgeber und Richter sollten tiefe Gesellschaftskenner sein, fast ausnahms= los aber sind sie vorurtheilsvolle, leichtsinnig der Routine folgende Menschen, denen von den eingelernten juristischen Begriffen der Kopf verdreht ist.

Es ist der Fehler aller Moralisten, daß sie, indem sie bei dem Menschen das Wunder eines freien Willens voraussetzen, ihn zum ab= strakten, im Aether schwebenden, aus den konkreten Verhältnissen los= gelösten Geiste machen, zu einem kleinen Abbilde des durch Idealisirung der Menschennatur entstandenen persönlichen Gottes, dessen Gewissen oder Stimme in seiner Brust mit sich herumzutragen ihm schuldgegeben wird.

Es gibt nur wenige denkkräftige gediegene Menschen, die sich von den ihrer gesellschaftlichen und persönlichen Lage anhaftenden Einwirkungen und Vorurtheilen loszumachen und sich auf diese Art zu einer einigermaßen allgemein menschlichen Freiheit des Urtheilens und Handelns aufzuschwingen vermögen. Die überwiegende Mehrheit der Menschen, namentlich die Armen, gelangen nicht zu der Freiheit selbständigen Bewußtseins. Dr. Otto Schraube, ein Mann, der keineswegs unter die Sozialisten gerechnet werden kann und der auch keineswegs konsequent ist, sagt in seiner „Gesundheitslehre", einer gekrönten Preisschrift (Berlin, 2. Aufl., 1866, 8.), Seite 105 ahnungsvoll:

„Ist es ein Wunder, wenn wir in höhlenähnlichen Behausungen, welche unsern mäßigsten Anforderungen nicht einmal entsprechen, noch so oft den Armen in Schmutz und Unrath verkommen, schmutzige Leidenschaften hegen, auf Verbrechen sinnen sehen? Mehr moralische Kraft gehört wohl dazu, als mancher Sittenprediger selbst besitzen mag, um in solchen Aufenthaltsstätten sich körperlich und geistig rein zu erhalten, mehr Entsagung, um dort ein Familienleben zu führen, mehr Selbstüberwindung, um dort noch Liebe für Mitmenschen und Gesellschaft, noch Sinn für Bürgerpflicht zu hegen, als die Mehrzahl der Philanthropen sich träumen läßt. Darum ist es auch ein vergebliches Bemühen, durch Lehren und Predigen, durch Mahnen an christliche Entsagung, durch Hinweisen auf ein freudiges Dasein im Jenseits die arbeitende Klasse heben und bessern zu wollen. Man gebe den Arbeitern erst eine irdische Heimath, die eine menschliche Heimath genannt werden kann, und wenn man sie ihnen gegeben, dann weise man sie an, dieselbe zweckmäßig zu benutzen; dann — aber nur erst dann wird man den richtigen Boden gefunden haben, auf welchem das geistige Wohl und die sittliche Veredelung gedeihen kann."

Wessen Kopf noch mit der alten Moral vollgestopft ist, der kennt die gesellschaftlichen Verhältnisse, sowie seine eigne Naturgeschichte nicht. Indem er sich bei seinen Handlungen als frei voraussetzt, lebt er in fortwährender Selbsttäuschung. Moralist und Sozialist sind diametrale Gegensätze. Der Moralist individualisirt den Menschen theils in idealistisch-dichterischer, theils in teuflisch-kriminalrichterlicher Weise. Der Sozialist dagegen beurtheilt den Menschen nach dessen Zusammenhang mit dem gesellschaftlichen Ganzen, dessen Theil derselbe ist.

Demnach erscheint dem Gesellschaftskenner der pfäffische Streit, ob der Zweck das Mittel heiligen kann, ganz absurd. Für ihn existirt das Heilige nicht, und da ihm weder eine Kirche, noch eine Religion, noch eine römisch-katholisch- oder protestantisch-jesuitische oder freimaurerische Herrschaft heilig scheint, so kann begreiflicherweise auch durch einen angeblich heiligen Zweck kein Mittel „geheiligt" werden.

Die Moral selbst ist dem Gesellschaftskenner nichts Heiliges mehr. Sie bedeutet ihm im Sinne von lo moral den Charakter des einzelnen Gesellschaftswesens, nicht aber die Sittenlehre im Sinne von la morale und moralité. Alle guten Ermahnungen des Christenthums sind vergebens gewesen gegenüber der Macht der gesellschaftlichen Eigenthumsverhältnisse. Je stärker der Glaube, desto schlimmer die gesellschaftliche Bedrückung und desto roher die Sitten. Fast alle Religionen heiligen den Krieg und die Gewaltthat der Eroberung. Zwar haben auch die Philosophen gewöhnlich eine Ethik oder Sittenlehre aufzustellen versucht. Aber jede Philosophie sucht sich an die Stelle der Religion zu setzen, tritt darum in ihre Schuhe und kann sich folglich nicht von den Fehlern derselben freihalten. Beide — die Religion und die Philosophie — erklären die Welt der Erscheinungen aus dem Phantastisch-Allgemeinen. Während die Religion dem verwirrten Gemüth, der Phantasie des Wunderbaren und Mährchenhaften, angehört, hält sich die Philosophie an die Phantasie des Verstandes. Beide sehen ab von dem wirklichen Lebens-Prozesse, dem ewigen nothwendigen Werden aus ewig nothwendigem Gewordenen. Indem die Philosophie dem Menschen eine Ethik aufstellt, reißt sie ihn aus seiner natürlichen, geschichtlichen und gesellschaftlichen Gliederung heraus und setzt bei ihm das Wunder des absolut freien Willens voraus.

Wie steht es nun mit der Moral in der Wirklichkeit? In der jetzigen Gesellschaft bekriegt Einer den Andern durch die Konkurrenz; also herrscht in ihr kein friedlicher Zustand. Jeder Handel ist ein scheinbar friedlicher Akt latenter Feindschaft. Verhältnißmäßig Wenige leben auf Kosten der Uebrigen, ihrer Unterthanen. Folglich waltet nicht die von der religiösen Moral vorausgesetzte Gleichheit. In der jetzigen Gesellschaft eignen sich die Unternehmer, die Kapital-Besitzer und Kapital-Vorstrecker das Arbeits-Produkt der mit kümmerlichem Lohn abgefundenen Arbeiter an; somit ist in ihr Betrug und Diebstahl sanktionirt. Indem die Armen durch die eigennützigen Reichen zu Tode gerackert werden können, ist in der jetzigen Gesellschaft der langsame Mord erlaubt. Kurz, die ganze Gesellschaft ist zerfahren und auf feindliche Gegensätze gestellt, sodaß es lächerlich ist, durch die christliche Moral dieselbe schützen und kräftigen zu wollen. Könnte die christliche Moral einen solchen Zustand forterhalten, diente sie zur Forterhaltung des Unrechts. Ganz dumm jedoch wäre es, sich unter derartigen Umständen über den jesuitischen Lehrsatz, wonach der Zweck das Mittel heiligen sollte, ereifern und denselben unmoralisch benennen zu wollen.

Die Moral findet folglich nicht in den Gesellschaftszuständen ihren Ausdruck, obschon sie die Forterhaltung derselben bezweckt, indem sie die Armen, die an sie noch glauben, im Gehorsam zu erhalten bestrebt ist. Sie findet aber ihren Ausdruck auch nicht im Staate, weil in der äußern und innern Politik die Macht und Klugheit entscheidet. Moralisch nennt der Staatsmann alle jene Mittel und Kunstgriffe, vermittelst deren die öffentliche Stimmung beeinflußt wird. Vom beschränkt gesellschaftlichen Standpunkte aus kann daher Jemand als unmoralisch gelten, der in staatlicher Beziehung ganz gerechtfertigt, unbescholten und makellos erscheint, gleichwie umgekehrt ein schlechter Unterthan wegen seines Angriffs auf staatliche Zustände als braver Mann betrachtet werden kann.

Das im Staate für die Gesellschaft geltende Recht hält sich an die konkreten Verhältnisse und es wird immer mehr äußerlich, je mehr es sich auf die Majoritäten, d. h. auf die Quantitäten, stützt. Die Moral dagegen, unbekümmert um die konkrete Welt, hält sich an das widerspruchsvolle Gemüth des Menschen und wird durch die wirklichen Zustände, an deren Nebeneinander sich der menschliche Verstand bildet, ins Reich der Phantasie verwiesen*). Im Großen und Ganzen stammt jedoch der Widerstreit des staatlichen Rechts mit der Moral aus jener Zeit, wo, weil sich das Gemeinwesen auf den Bund des Adels und der Geistlichkeit stützte, Weltliches und Geistliches mit einander um die Herrschaft rangen. Weil gerade in Deutschland das heilige römische Reich errichtet war, kann es nicht Wunder nehmen, daß in diesem Lande beim Volke, welches erst in der neuesten Zeit die Emanzipation anzustreben anfing, viel alte moralische Hefe sitzen geblieben ist. Die Moral bildet also die Ueberbleibsel geistlicher Herrschaft. Der sittliche Sauerteig der deutschen Vergangenheit liefert die Erklärung, woher es gekommen ist, daß das deutsche Volk keine großen politischen Gesichtspunkte hat gewinnen können und zum politischen Handeln bis auf den heutigen Tag ganz unbeholfen geblieben ist. Noch heutzutage hängt der deutsche Philister seinen Handlungen gern ein sittliches Mäntelchen um. Das Sittlichthun

---

*) Der National-Oekonom Adam Smith führt in seinem Werke über die Moral letztere auf die Sympathie zurück, welche entsteht, indem sich der Eine vermittelst seiner Phantasie in die Lage des Andern versetzt.

gehört in bürgerlichen Kreisen zum Anstande; es ist das Zeichen der Bornirtheit.

Fassen wir nun das bisher Gesagte zusammen, so verwerfen wir den alten Jesuitismus nicht wegen seines Satzes, daß der Zweck das Mittel heiligt, sondern wir verwerfen ihn im großen Ganzen aus dem einfachen Grunde, weil er durchaus reaktionär und unsinnig ist. Wegen seiner reaktionären Tendenz und seines Widerspruchs mit den geschicht= lich=politisch=sozialen Aufgaben der Gegenwart verwerfen wir aber auch jenen modernen Jesuitismus, der seine Handlungen in ein moralisches Gewand zu kleiden pflegt. Ueber den modernen Jesuitismus wollen wir nun sprechen.

Drittes Kapitel

Die jesuitische Praxis.

Die unaufhörliche Deklamation gegen die Jesuiten beruht auf einem in protestantischen Ländern tief eingewurzelten und allgemein verbreiteten Vorurtheil, von dem wir oben gezeigt haben, daß es vorzüglich durch die protestantisch-pfäffischen und protestantisch-fürstlichen Kämpfe erzeugt und erhalten, sowie durch den schleichenden Freimaurerbund, der als reaktionäres Institut den Jesuiten die Weltherrschaft streitig zu machen prätendirt, aufgefrischt und gepflegt worden ist.

Aber trotz dieser Deklamation wird die jesuitische Moral auch unter den sittlichen Protestanten allgemein praktizirt und für gut befunden. Schon oben, wo von den speziellen Gegnern des alten Jesuiten-Ordens die Rede war, ist von dem modernen Jesuitismus ein kleines Bild entworfen worden. Selbiges soll im Folgenden einigermaßen vervollständigt werden. Dabei bemerken wir, daß wir die Ausdrücke „Jesuitismus" und „jesuitisch" nur um der Kürze willen gebrauchen und daß wir im Uebrigen die Charakteristik menschlicher Handlungsweise, welche wir als „modernen Jesuitismus" bezeichnen, mit den gegenwärtigen sozial-politischen Zuständen als eng verwachsen und scheinbar natürlich oder zeitweilig passend betrachten.

Insofern wollen wir unsere Worte verstanden wissen, wenn wir sagen, daß in den Fällen, welche anzuführen wir im Begriff stehen, der Zweck das Mittel heiligt oder auch eine reservatio mentalis (ein Rückhalt erlaubt gehaltener Hintergedanken) im Spiele ist.

Wir beginnen mit der Nothwehr. Selbige stimmt allerdings nicht zu der vom Christenthum geforderten Feindesliebe, dergemäß man, wenn man auf den rechten Backen geschlagen worden ist, auch den linken zum Schlage willig hinhalten und, wenn Einem der Rock gestohlen worden ist, auch den Mantel hingeben soll. Aber abgesehen von dieser sittlichen Forderung der christlichen Religion wird die Nothwehr allgemein für erlaubt gehalten. Fragte doch selbst, anstatt auch den andern Backen hinzuhalten, nach dem Berichte der allein für ächt erklärten Evangelien des „Menschen Sohn" auf seinem Leidensgange, als er eine Ohrfeige erhalten hatte: „Warum schlägst Du mich?" Schon die Römer und Griechen hielten die Selbstvertheidigung, das Zurückschlagen der Gewalt, für völlig erlaubt. Jedes Gericht spricht den Todtschläger frei, wenn derselbe den Beweis liefert, daß er Nothwehr geübt hat. Hier heiligt also der Zweck das Mittel. Allerdings wird manchmal ein Unterschied zwischen erlaubter und unerlaubter Nothwehr gemacht. Allein dieser Unterschied beruht im Grunde nur auf Mangel an Begriffsschärfe, wie wir an einem Beispiele zeigen wollen.

Zufolge einem Berichte der englischen Zeitung Daily News vom 1. März 1872 stellte sich am 29. Februar d. J. dem Londoner Zentral-Kriminal-Gerichtshofe (Central Criminal Court) der Polizeidiener William Strickland, der K-Division angehörig, um vor der Jury sich wegen Todtschlags, begangen an George Reymond, richten zu lassen. Als Ankläger fungirte Griffiths, als Vertheidiger Metcalfe. Die Vertheidigung machte für den Angeklagten geltend, daß der Getödtete und sein Begleiter betrunken und gewaltthätig gewesen wären, daß sie den Angeklagten angegriffen hätten und daß der Schlag, welcher den Tod herbeiführte, aus Nothwehr (self-defense, Selbstvertheidigung) gegeben worden wäre. Nach kurzer Berathung sprachen die Geschworenen sich dahin aus, daß der Schlag allerdings aus Nothwehr geführt worden sei, daß aber doch der Angeklagte unnöthige Gewalt geübt hätte. Hierauf sagte Baron Channell, der vorsitzende Richter, daß der Angeklagte, wenn er sich unnöthiger Gewalt bedient hätte, des Todtschlags schuldig wäre. Alsdann zog sich die Jury nochmals zur Berathung zurück und verkündete, als sie zurückkam, den Wahrspruch: „Nicht schuldig".

Es liegt auf der Hand, daß Jemand, der bei einer Vertheidigung seines Körpers gegen einen Angriff sich einer unnöthigen Gewalt bedient und auf diese Weise den Angegriffenen todtschlägt, nicht Nothwehr, sondern Rache ausübt. Die unnöthige Gewalt in der Vertheidigung des Leibes ist nicht mehr Nothwehr, ja überhaupt nicht mehr Wehr. Gleichwohl läßt sich ein Unterschied zwischen erlaubter und unerlaubter Nothwehr oft schwer einhalten und nachweisen, weil sowohl die Leidenschaft des sich zur Wehr stellenden Kämpfers die Gränze der körperlichen Vertheidigung nicht abzumessen vermag, als auch selten genau bestimmt werden kann, ob der Angreifer, wäre er nicht niedergestreckt worden, dem Angegriffenen nicht noch ferner gefährlich gewesen wäre.

In freien Ländern darf man die unbefugt in die Wohnung ein-
bringende Polizei nicht nur mit Gewalt hinaustreiben, sondern bei der
Vertheidigung des Hausrechts sie sogar tödten. Ja in vielen Ländern
darf ein Ehemann, der seine Frau im Ehebruche ertappt, sowohl diese,
als auch den Ehebrecher, auf frischer That todtschlagen. Die Vertheidigung des „Allerheiligsten" heiligt den Todtschlag. Eine solche Heiligung
wurde auch vor einigen Jahrhunderten der väterlichen Gewalt zuerkannt,
da der Hausherr vermittelst derselben Knechte, Mägde, die Ehefrau und
die Kinder tödten, verkaufen, vertauschen und verschenken durfte. Das
Widerstandsrecht Freier und Adeliger gegen unberechtigte Gewalt, mit
andern Worten das Revolutionsrecht, ist in Deutschland bis zum westphälischen Frieden 1648 als gesetzlich anerkannt und die zu diesem Behufe geschlossenen Verbindungen und eingegangenen Verschwörungen sind
für gerechtfertigt gehalten worden. Das Revolutionsrecht gründete sich
auf die erlaubte Nothwehr.

Für Nothwehr wurde es auch angesehen, wenn ein Tyrann ge-
tödtet wurde. Die Jesuiten haben die Lehre vom Fürstenmord nicht
erfunden, sondern selbige hat bei allen freien Völkern zu allen Zeiten
gegolten. In den Republiken der Griechen und Römer wurde die Er-
mordung oder Vertreibung eines Tyrannen, d. h. eines ruchlosen Kerls,
der das Gesetz der Gleichheit der Freien verletzte und sich über die Uebrigen
mit Gewalt oder auch mit List zum Zwingherrn aufwarf, für die denkbar größte Staatsbürgertugend angesehen und als solche hochgeehrt. Die
Brutusse der Römer, sowie die Harmodius und Aristogeiton der alten
Griechen (s. u. A. Plutarch) galten für Muster guter Bürger, weil sie
tyrannisches Ungeziefer vertilgt hatten.

Auch das christliche Volk der Schweizer feiert seinen Tyrannenmörder
Tell: unbekümmert darum, ob derselbe eine bloß sagenhafte Person ist
oder nicht. Es feiert die historischen Führer des Aufstandes von Schwyz,
Uri und Unterwalden als die tugendhaften Verschwörer, als die Kon-
spirirer für Befreiung ihres Volkes. Ebenso feiern die Niederländer die
Helden des erfolgreichen Aufstandes gegen die Bedrückung Philipps II.
Ja selbst in Deutschland feiert man des Rebellen Luther Andenken, sowie
den ganzen Reformationskampf, der doch ein Aufruhr gegen Kaiser und
Papst, die Spitzen der damaligen obrigkeitlichen Ordnung, war. Auch des
Rebellenhäuptlings Sandwirth Hofer von Passeyer, des Buchhändlers
Palm, des Attentäters Staps wird in Ehren gedacht. Ebenso ist Sand,
dem Mörder des im Dienste Rußlands schreibenden Kotzebue's, zu Wun-
siedel ein Denkmal errichtet worden. Noch mehr aber verherrlichen die

deutschen Demokraten ihre Aufstandshelden: einen Messenhauser, Julius Becher, Jellinec, Robert Blum und Andere, die in Wien von der sieg= reichen Reaktion umgebracht wurden. Sie feiern ferner das Andenken Trützschler's, der in Mannheim, sowie Tiedemann's, Böning's, Näff's, Elsenhans' und der Uebrigen, die in Rastatt wegen ihrer hervorragenden Betheiligung am Reichsverfassungskampfe auf Befehl des Prinzen Wil= helm von Hohenzollern (jetzigen preußischen Königs und Kaisers) bluten und sterben mußten. Sie erkennen damit die Berechtigung des Auf= stands gegen Zwingherrschaft an, geradeso wie die Reaktion ihrerseits die Standrechtsmorde als im Interesse der Ruhe und Ordnung geschehen betrachtet: wobei beide Theile jener Moral huldigen, nach welcher der Zweck das Mittel heiligt. Wir könnten in dieser Hinsicht aus England, wo selbst der spätere Tory=Führer b'Israeli ein Buch zur Vertheidigung des Tyrannenmords geschrieben hat, Cromwell und andere Volks= helden und Tyrannenstürzer anführen. Wir könnten auf die Helden des Unabhängigkeitskampfes des nordamerikanischen Krieges und auf Payne's Buch: Common sense, aufmerksam machen. Noch mehr Beispiele aber ständen uns aus Frankreich, aus Italien, aus Spanien, ja selbst aus Rußland zu Gebote. Doch es genügt uns zu unserm Zwecke, auf die betreffenden Thatsachen einfach andeutend hinzuweisen.

Als Nothwehr wird auch der Vertheidigungskrieg eines von Außen angegriffenen Staates betrachtet. Darum gilt der Vertheidigungskrieg für erlaubt, während der Eroberungskrieg im Allgemeinen von den Mo= ralisten verurtheilt wird. Aus diesem Grunde suchen gewöhnlich beide in Krieg gerathende Parteien einander die Schuld der Offensive zuzu= schieben. Jedoch sich von dem Blutvergießen und Kriegsmord reinzu= waschen suchen sich die kriegführenden Theile, die häufig allebeide nicht am Ausbruche des Krieges unschuldig sind, vorzüglich nur im Beginne des Schlachtenkampfes, solange als das Kriegsglück noch ungewiß ist. Ist einmal das Geschick des Krieges entschieden und jubelt dann, un= bekümmert um störrische Moralisten, die schwenkhafte Menge dem Sieger zu, so kehrt sich letzterer wenig mehr an die moralische Eroberung der Herzen, welche ihm zu Anfange des Krieges die Behauptung, daß er nur Nothwehr übe, eintrug. Er denkt jetzt an die sichere Unterbringung realer Eroberungen. Unter dem Vorgeben, daß er künftigen Kriegen vorbeugen und den Erbfeind auf längere Zeit unschädlich machen müsse, nimmt er Ländereien nebst deren Bewohnern weg und zwingt den Be= siegten harte Bedingungen auf, die häufig gerade die Ursache zum Aus= bruche neuen Kampfes bilden. Auch bei der Nothwehr der Staaten ist,

wie bei der obenerwähnten Nothwehr der Privaten, es sehr schwer, die
Gränze anzugeben, wo die wirkliche Nothwehr aufhört und wo die un=
nöthige Gewalt anfängt. Die Requisitionen und Kontributionen, das
Einäschern von Dörfern und Städten, das Quälen der Einwohner in
Feindesland, der Raub und Diebstahl, die mit dem Kriege gleichsam
unzertrennlich verbunden sind, das Wegführen von Geiseln und das Zer=
stören von Brücken, Dämmen, Straßen und anderem sogenannten National=
Kapital: — alle diese Uebel suchen sich, wie der ganze Krieg, damit
zu rechtfertigen, daß der Zweck das Mittel heiligt. Um der gläubigen
Soldaten willen, die blind in den Tod rennen sollen, wird die Gottheit
um Beistand angefleht und die Siege als das Parteinehmen einer über=
irdischen persönlichen Vorsehung, als das Einmischen eines über den
Wolken thronenden gräulichen Gespenstes in menschliches Gezänk, aus=
gelegt und mit Gottesdienst gefeiert. Sobald es zweckdienlich scheint,
ist auch der vergeistigte christliche Gott nicht davor sicher, in den Vit=
liputzli oder Moloch verwandelt zu werden. Gott der Vater, der alte
grimme Jehova, wird dann wieder der ausrottende Schlachtengott.

Wie der Krieg, stützt sich das Strafrecht auf den Grundsatz, daß
der Zweck das Mittel heiligt. Wo die Strafe nicht mehr auf ganz bar=
barische Weise als bloße vendetta, als Rache und Sühne, aufgefaßt
wird, hat sie den Zweck, den Deliquenten unschädlich zu machen und
ihn auf den Pfad bestehender gesetzlicher Ordnung zurückzuführen. Dieser
Zweck heiligt die Strafe; denn ohne ihn würde sie grausam und un=
menschlich erscheinen. Er verdeckt bei der Strafe den Charakter der
Willkürlichkeit, der ihr immer anklebt. Willkürlich haben die Gesetzgeber
ein bestimmtes Strafmaß für Fälle, deren Zusammenhang sie nicht kennen,
und für Menschen, die ihnen ebenfalls unbekannt sind, im Voraus fest=
gesetzt. Die Anwendung geschieht nach dem Ermessen der Richter. Die
Gesetze werden je nach den politischen Fluktuationen abgemildert oder
verschärft, oder auch wesentlich verändert. Was zu der einen Zeit mit
dem Tode bestraft wurde, wird in einer spätern Zeit mit Zwangsarbeit
geahndet, Zuchthaus verwandelt sich in Gefängniß, Gefängniß in Festungs=
haft oder es tritt auch Geldbuße an die Stelle der Haft. Wir brauchen
nicht an die Schwächen der Richter zu erinnern. Um sich von der Will=
tür des Strafrechts auf den ersten Blick zu überzeugen, braucht man
nur an die Verschiedenheit der menschlichen Glücksumstände und Charaktere
gegenüber dem gleichen Leisten, den das Strafgesetz anwendet, zu denken.
Nicht mit Unrecht nannten unsere deutschen Altvordern die Strafe die Küre,
die Willküre. Barbarisch sind die Strafen auch noch heute, denn sie

behandeln durchaus nicht die Opfer der gesellschaftlichen Mißstände wie Kranke, die zu heilen sind, sondern die Gefängnisse sind Marterhäuser, und während die Gefangenen geplagt werden, läßt man die gesellschaftlichen Mißstände, welche, wie die Statistik zeigt, mit Nothwendigkeit die Verbrechen erzeugen, ganz unverändert. Vor Allem hätte die Gesellschaft Sühne für das Verkommen der ganz einseitig für schuldig befundenen menschlichen Wesen auszuüben.

Vor dem Gesetz erscheinen alle Menschen gleich, sind es aber nicht in den Besitz= und Erbverhältnissen. Die Gleichheit vor dem Strafgesetz dient als Nothbehelf, die geübte Willkür zu vertuschen. Die Gleichheit, der die Bevorrechteten sonst nicht sehr hold zu sein pflegen, wird mechanisch im Strafrecht gepflegt um der bestehenden Ordnung willen. Denn der Zweck heiligt das Mittel. Ohne das gleiche Maß würden die Strafen in unserer Zeit als ungerecht erscheinen. (Militärstrafgesetz.)

Aber doch nicht in jeder Hinsicht huldigt das Strafrecht dem Grundsatze der Gleichheit. Es ist mit Widersprüchen behaftet, weil nur reaktionäre Stümperei und Quacksalberei, aber keine strafrechtliche Wissenschaft gepflegt wird. So werden vom Strafrecht Vorrechte anerkannt, trotzdem daß es sonst heißt: „Alle Staatsbürger sind vor dem Gesetze gleich". Ein grelles Vorrecht involvirt die Beamtenbeleibigung und ein noch größeres die Majestätsbeleidigung. Hier werden Vergehen angenommen, die nicht vorhanden sind, wenn der Grundsatz der Rechtsgleichheit im Staate rein durchgeführt ist. Man sagt, daß diese Ausnahmen um der Ordnung willen gemacht werden müssen. Der Zweck soll auch hier das Mittel heiligen.

Einen weiteren Verstoß gegen die sonst geltende Gleichheit vor dem Gesetz bildet im preußisch=norddeutschen, nunmehrigen Reichsstrafgesetzbuche, die Behandlung der Todesstrafe. Wird nämlich ein gewöhnlicher Staatsbürger von einem andern vorsätzlich, aber nicht mit Ueberlegung, umgebracht, so wird der Mörder nicht mit dem Tode bestraft. Wird dagegen ein regierender Fürst, ein Herzog, ein König umgebracht, so tritt die Todesstrafe für den Mörder immer ein. Ja, was noch mehr: das bloße Attentat auf einen gekrönten Kopf schon, auch wenn es fehlgeschlagen ist, wird mit dem Tode bestraft*). Diese Bestimmungen sind, wie aus

---

*) R.=St.=G. §. 212. Wer vorsätzlich einen Menschen tödtet, wird, wenn er die Tödtung nicht mit Ueberlegung ausgeführt hat, wegen Todtschlages mit Zuchthaus nicht unter fünf Jahren bestraft. — — §. 80. Der Mord und der Versuch des Mordes, welche an dem Bundesoberhaupte, an dem eignen Landesherrn, oder während des Aufenthaltes in einem Bundesstaate an dem Landesherrn dieses Staates

den Debatten des norddeutschen Parlaments erhellt, von den Abgeord=
neten, welche die in Sachsen=Weimar damals schon bestehende gänzliche
Abschaffung der Todesstrafe auch in den übrigen Ländern des nord=
deutschen preußischen Bundes durchführen wollten, gegen ihre bessere
Ueberzeugung auf den von Bismarck geltend gemachten ausdrücklichen
Wunsch Wilhelms I., des Protektors des die wahre Humanität angeblich
fördernden Freimaurerbundes, angenommen worden.   Politische Er=
wägungen, politische Vorrechte, das Ansehen des Königthums und die
Sicherheit des gekrönten Trägers höchster Gewalt waren dabei im Spiele.
Der Zweck heiligte das Mittel! Es ist das eine schreiende Ungleichheit,
weil das Leben eines Königs nicht besser als das eines andern Menschen
ist.   Zudem liefern die strafrechtlichen Bestimmungen über Hochverrath
den fürstlichen Herrschern ohnehin leider schon Vorrechte genug.

Wir können hier auf die Details des Strafrechts nicht weiter ein=
gehen.   Doch wollen wir noch die Zusammensetzung der deutschen Ge=
schworenengerichte berühren.   Das Geschworenen=Institut fußt auf dem
Grundsatze, daß Jedermann nur von seines Gleichen gerichtet werden
soll.   Als nun 1848 in Deutschland das allgemeine Stimmrecht einge=
führt worden war, war konsequenterweise auch jeder Stimmberechtigte
zum Geschworenen=Amte befähigt.   Mit dem Stimmrechte beschränkte die
hierauf eintretende Reaktion auch die Wahlfähigkeit für die Jury, wodurch
das Geschworenen=Institut geradezu gefälscht ward.   Denn die Fähigkeit,
als Geschworener zu fungiren, wurde an einen Zensus geknüpft.   Da
nun die meisten Verbrechen, welche von den Geschworenen abgeurtheilt
werden, von besitzlosen oder doch armen Leuten begangen werden, so
geschah es nun, daß diese Armen nicht mehr von ihres Gleichen, sondern
von ihren gesellschaftlichen Herren, von Rittergutsbesitzern, Gutsbesitzern,
Kaufleuten, Fabrikanten und höheren Angestellten, die natürlich mit den
Vorurtheilen ihrer Klasse behaftet sind, abgeurtheilt wurden.   Eine solche
Einrichtung läuft dem Geiste des Geschworenen=Instituts, demgemäß
Jedermann von seines Gleichen gerichtet werden soll, schnurstracks ent=
gegen.   Aber der Zweck, das niedere Volk in Zucht und Gehorsam zu=

---

verübt worden sind, werden als Hochverrath mit dem Tode bestraft. — Dagegen
fehlen im Reichsstrafgesetzbuche die Bestimmungen für die Fälle, in welchen das
Bundesoberhaupt oder ein Landesherr Mord, Raubmord oder Todtschlag begeht. — In
England steht auf den Attentatsversuch, der gegen die Königin unternommen wird,
siebenjährige Transportation oder dreijähriges Zuchthaus, womit noch eine öffent=
liche oder private körperliche Züchtigung verbunden werden kann. (5. u. 6. Vikt.,
Kap. 1, Sekt. 2.)

rückzuführen, heiligte das Mittel! — Ein fernerer Verstoß gegen die
Gleichheit wurde dadurch begangen, daß fürstliche Personen nicht vor
dem Gericht persönlich als Zeugen zu erscheinen brauchten, sondern ihre
Zeugenschaft und den Zeugeneid schriftlich einzusenden für befugt erklärt
wurden. Das in Folge einer Vorladung nothwendige persönliche Erscheinen einer fürstlichen Person vor Gericht wurde von der politischen
Reaktion, der diese fürstliche Dispensation entstammt, als eine Herab-
würdigung des fürstlichen Ranges unter das gemeine Recht angesehen.
Louis Napoleon Bonaparte schuf zur Aburtheilung der Mitglieder des
kaiserlichen Hauses einen eignen Gerichtshof: woher es denn kam, daß
Peter Bonaparte, als er den Journalisten Viktor Noir ermordet hatte,
freigesprochen wurde. In England müssen die Prinzen des königlichen
Hauses, wenn sie vorgeladen werden, sogar vor den gewöhnlichen Polizei-
richtern persönlich erscheinen.

Das Recht bezüglich des freien Gedankenausdrucks in Rede und
Schrift wurde ebenfalls ganz dem Vortheile der politischen Reaktion
dienstbar gemacht. So gilt in Braunschweig noch heutzutage die Be-
stimmung, daß Volksversammlungen unter freiem Himmel innerhalb des
siebenstündigen Umkreises vom herzoglichen Residenzschlosse, welches noch
dazu vom Herzog einen großen Theil des Jahres nicht bewohnt wird,
nicht stattfinden dürfen. In andern Ländern bestehen ähnliche Verbote,
denen gemäß solche Versammlungen innerhalb eines ganz willkürlich an-
genommenen Umkreises von Hauptstädten, wo und solange gesetzgeberische
Versammlungen tagen, nicht abgehalten werden dürfen. Des Beispiels
halber will ich an Oesterreich erinnern. — Die Bundes-Ordonnanz vom
6. Juli 1854 trägt sogar das Kennzeichen rein politischen Ermessens
offen an der Stirn, indem sie in ihrem letzten Paragraphen ausdrücklich
besagt, daß nach Verlauf von zwei Jahren der politische Ausschuß
Bericht erstatten sollte, ob die betreffenden Bestimmungen sich hinlänglich
erwiesen hätten, um den „Mißbrauch" der „Preßfreiheit" zu verhindern.
Die Nothwehr, welche dergleichen Bestimmungen zu Grunde liegt, erscheint ganz willkürlich, da sie einestheils keine allgemein menschliche
Nothwehr, sondern die Selbstvertheidigung einer um ihre einseitige Herrschaft bangen Klasse oder bevorrechteter Stände ist und anderntheils selbst
als Klassennothwehr weit über die Gränze nothwendiger Wehrgewalt
hinausschießt. Aber der Zweck heiligt das Mittel!

Die Nothwehr braucht nicht bloß in Handlungen zu bestehen; sie
ist auch in Worten denkbar, insofern letztere geeignet sind, als Vertheidi-
gungsmittel zu dienen. Daher gelten im Allgemeinen für die Vertheidi-

gung, namentlich für die gerichtliche, folgende schon von Cicero aufge=
stellten Maximen:

1) Hast Du etwas Straffälliges verbrochen, so läugne es runb=
weg ab;

2) kannst Du es nicht mit Erfolg abläugnen, so suche ihm eine
unschuldige Deutung zu geben, und

3) kannst Du es nicht anders deuten, so vertheidige es mit allen
Mitteln.

Der Grundsatz, daß ein Angeklagter vor Gericht nicht gegen sich
selbst auszusagen braucht, ist anerkannt. Der Zweck heiligt das Mittel
dieser Nothwehr.

Insofern die Nothwehr in Worten erlaubt ist, ist auch die Noth=
lüge gestattet. Wer unter den gegenwärtigen Zuständen, sagt Robert
Owen, immer die Wahrheit reden wollte, würde für einen Narren ge=
halten werden. Die Nothlüge wird vorzüglich in den Vorgängen des
wirthschaftlichen Lebens, im Dingen und Verbingen, im Kaufen und •
Verkaufen, im Werben und Erwerben, sowie in allen Vertragsverhält=
nissen angewandt.

Christliche Moralisten haben beschönigend gesagt, daß bei der Noth=
lüge, wenn man sie auch nicht unbedingt verwerfen könne, doch ein
Ausweg zur Vermeidung derselben gewöhnlich offen gelassen sei. Ist
aber der Ausweg vorhanden, dann ist die Lüge überhaupt nicht mehr
Nothlüge, sondern unnöthige Lüge. Und worin besteht ein´solcher Aus=
weg in der Regel? In einer zweideutigen Aussage, die einer Aussage
mit Hintergedanken oder der jesuitischen reservatio mentalis so ähnlich
sieht, wie ein Ei dem andern!

Unter die Nothlüge müssen auch die im zivilisirten Leben eingeführten
Anstands= und Höflichkeitsformeln gerechnet werden: — bei Hofe die
Etikette. Unterläßt Jemand diese üblichen Formeln und Formen, so gilt
er für grob, für ungebildet und schadet sich. Er hat dieselben also zu
seiner Selbstvertheidigung im Kriege der jetzigen Gesellschaft nöthig.
Es ist als eine höchst seltene Ausnahme zu bezeichnen, wenn manchen
Leuten, z. B. den Quäkern oder Tyrolern, gestattet ist, Jedermann zu
dutzen oder den Hut aufzubehalten. Die Wahrheit, welche gegen seine
Sitte verstößt, gilt für Lümmelei, Ungeschliffenheit und Flegelei. Die
feine Sitte hat ihren Nutzen: der Zweck heiligt das Mittel.

Aus der Erziehung ist, wofern die jetzige Gesellschaft nicht über
den Haufen geworfen werden soll, die Nothlüge gar nicht zu entfernen.
Welche Aeltern und welche Lehrer trauten den unerwachsenen Kindern

wohl Alles wahrheitsgemäß zu sagen?! Denn die jetzige Gesellschaft beruht großentheils auf dem Scheine. Einer sieht dem Andern, wie es im Braunschweiger Sprüchwort heißt, auf den Kragen, aber nicht in den Magen. So gibt auch gar Mancher sich für einen Patrioten und für einen Liberalen aus, der im Grunde seines Herzens ein sehr schmutziger Egoist ist. Der Zweck heiligt die Mittel; die Hintergedanken sind zollfrei.

Auch der Arzt, der einen gefährlich Erkrankten behandelt, muß häufig zur Nothlüge greifen, um das Leben seines Patienten zu schonen. Ist er Hausarzt in einer vornehmen Familie, wo die Frau von Zeit zu Zeit die Kranke spielt, so hat er, wenn er diese Kundschaft nicht verlieren will, zu thun, als ob er an die Krankheit der Dame glaubte und ihr unschädliche Rezepte, die nur dem Geldbeutel ihres Gemahles schaden, zu verschreiben.

Um in der Bourgeois-Gesellschaft geachtet zu werden, nimmt der Kluge den Schein des Reichthums an. In der Steuerfrage, dem Staate gegenüber, ein Knicker, in öffentlicher Mildthätigkeit dagegen ein Prahler: muß die Maxime Dessen sein, der in Kreisen verkehrt, wo der Mensch nach dem Haben und Scheinen, nicht nach Geistesgediegenheit beurtheilt wird.

Der Ausdruck „höflich" zeigt uns, von wo aus der Jesuitismus in die unteren Stände eingedrungen ist. Durchlaucht und Erlaucht, Hoheit und Majestät, Allergnädigst und Allerhöchst sind noch das Geringste. Aber die Doppelzüngigkeit und Verstellung ist an Fürstenhöfen auf den höchsten Grad der Vervollkommnung gebracht. Selbst das Unangenehme wird in schmeichelhafte Worte eingehüllt. Darin besteht ja gerade der höfische Schliff, daß hier nicht mit dem Zaunpfahle der Wahrheit ge= winkt, sondern Alles in eine täuschende Hülle eingefaßt wird. Das Schöne wird hierdurch noch schöner, das Garstige und Häßliche sogar erscheint niedlich und reizend. Wer wäre nicht der Schmeichelei zu= gänglich?! Geschmeidigkeit und Gewandtheit bezeichnen hier den Welt= mann. Wegen der schönen Phrasen und Rollen ist an Höfen auch die Schauspielkunst mit Vorliebe gepflegt worden. Nach dem Berichte Plutarchs war Solon darüber aufgebracht, als zu seiner Zeit die Schau= spielkunst in Griechenland aufkam; denn er nahm für gewiß an, daß die Verstellung, die auf der Bühne gefiel, auch bald in die Sitten des Volkes eindringen und dieselben vergiften würde. Läßt sich doch die Kunst zu lügen von einem ästhetischen Standpunkte aus betrachten, be= handeln und erlernen! Je schöner eine Lüge aussieht oder sich anhört, desto sicherer ist ihr Reiz und ihre Wirkung. Die Rhetorik, die Mimik und Gestikulation verleihen der Rede erst den Glanz, den der Kenner

bewundert, während der Laie durch denselben geblendet und ver=
wirrt wird. Gleich dem Haar, das gut gepflegt wird, verleiht auch der
Rede die Kunst Schmuck; selbige wird zierlicher, wenn sie wohlgekämmt,
gescheitelt, geflochten, in passende Theile gelegt, gelockt und narben=
duftig erscheint. Unser Parlamentarismus würde sich in unserer ge=
künstelten und geschraubten Zeit sehr übel ausnehmen, entbehrte er dieses
Schmuckes, der immer mehr aus der Nebensache zur Hauptsache wird.
Hierzu kommt, daß im Allgemeinen die Wohlberedtheit und Schön=
rednerei, obschon dieselben seit dem Erscheinen unserer klassischen Dichter *)
sehr zugenommen haben, doch noch keineswegs Jedermanns Sache ist.
Ungehobelt und wahr kann Jedermann sprechen; ausfragen läßt sich
jeder dumme Kerl. Zum künstlichen Ausdrucke dagegen gehört schon
geistige Begabtheit. Der gewandte, sich schön ausdrückende Lügner ist
ein hervorragender Mensch, während ein Tölpel nur grobe, ungeschickte,
leicht ersichtliche Lügen zu sagen weiß. Schon das alte Thier=Epos hat
im Reinecke Fuchs die kunstvolle Lüge verherrlicht **).

Die Kunst des Lügens ist mit vorzüglicher Meisterschaft von den
Diplomaten der europäischen Fürstenhöfe ausgebildet worden. Die
Sphäre, in der sie lebten, und ihre amtliche Eigenschaft als fürstliche
Geschäftsträger brachte das so mit sich. Sie hatten freundliche Beziehun=
gen zu unterhalten und doch soviel als möglich Vortheile für die von
ihnen vertretenen Regenten zu erzielen. Je mehr einer dieser Staats=
männer den andern zu überlisten und über den Löffel zu barbieren, je
mehr er zu schikaniren und im passenden Augenblicke die Rolle zu wech=
seln verstand, für einen um so bessern Diplomaten wurde er gehalten.
Im Vergleich mit der diplomatischen Meisterschaft waren die alten Je=
suiten bloße Abc=Schützen. Der diplomatische Styl zeichnete sich durch
Aalglätte und durchsichtige Präzision aus. Talleyrand traf den Nagel
auf den Kopf, als er sagte, daß die Sprache dazu diene, die Gedanken
zu verbergen. Weil aber die Diplomaten meist monarchische Staaten zu
vertreten pflegten und von ihren Regierungen daheim, mit denen sie in

---

*) Da wir unter klassischen Dichtern die mustergültigen verstehen,
welche die Spracheinheit der modernen Nationen fest begründet
haben, nehmen wir so wenig für Deutschland, wie für England oder Frank=
reich, zwei klassische Zeitalter an. Daher halten wir die Dichter des elsten bis
vierzehnten Jahrhunderts, welche den Aufschwung der Adelsherrschaft repräsen=
tiren, nicht für klassisch, wennschon Deutschland für Europa als das klassische
Land der Adelsherrschaft gelten kann. —

**) Es muß dahin gestellt bleiben, ob dieses Epos, wie so manches andere
alte Heldengedicht der deutschen Literatur, deutschen Ursprunge ist.

fortwährendem Verkehr standen, instruirt wurden, konnte man zu dem logischen Schlusse kommen, daß der jetzige Staat nur eine durchgebildete jesuitische Wirthschaft wäre. Man konnte in diesem Urtheile bestärkt werden, weil Männer, welche an die Spitze des Staatsministeriums ge= langten, sich oft vorher in der diplomatischen Carriere ausgebildet hatten, und weil sie, wenn sie von der Regierung zurückzutreten genöthigt waren, häufig wieder in die diplomatische Laufbahn zurückkehrten. Uebrigens ist zu bemerken, daß sich fast nur Sprößlinge aus alten Adelsgeschlechtern für die staatsmännische Laufbahn zu qualifiziren scheinen. Die Bürgerlichen, so sehr sie sich auch in der Kunst diplo= matischen Täuschens geschult haben mögen, streifen selten alle sittlichen Vorurtheile ab, da sie nicht von Jugend an zu Staatsmännern heran= gebildet worden sind. Sie scheinen meistens nur, wenn's gut geht, zu Finanzkünstlern, zu Unterrichts=, Handels=, Justiz= und Arbeitsministern zu passen: — und auch hierzu nur höchst selten. Allerdings darf hierbei nicht außer Acht gelassen werden, daß in der erblichen Monarchie die Ueberlieferung des blauen Blutes, der Familienrang und Familienbesitz sehr viel gelten.

Indeß sind in dieser Beziehung Ausnahmen zu konstatiren. Denn es gibt Emporkömmlinge, die bei dem alten Adel selber sehr angesehen waren. Hierher gehören Napoleon I. und Napoleon III., die selbst von den „legitimen" Fürsten als „Brüder" anerkannt wurden. Selbige ver= dichteten in den engen Rahmen ihres Lebens das sonst langsame ge= schichtliche Heranwachsen berühmter und hochangesehener Fürstengeschlechter. Sie machten sich respektirt durch Krieg, Eroberung, Eidbruch, Doppel= züngigkeit, Habgier, Herrscherglanz und unbeugsamen Willen. Besonders diente ihrer Herrschsucht die Ordnungs=Phraseologie. Wenn ich, meinte der erste Napoleon, bei Vernichtung der Volksrechte tausend Menschen= leben im Straßenkampfe von Paris opfere, werde ich als Ordnungs= stifter gepriesen, opfere ich deren aber zehntausend, werde ich geradezu angebetet werden. Kurz, die Napoleon waren Männer, die über der Linie der bürgerlichen Moral standen. Die sogenannte Logik der That= sachen, nach der sie im Inlande verfuhren, machte sie auch bei den auswärtigen Regierungen respektirt. Dabei wußten sie meisterlich mit den moralischen Faktoren zu rechnen. Als z. B. der gefangene Räuber= hauptmann Schinderhannes, die Geistesverwandtschaft mit dem großen Kaiser fühlend, Napoleon I. um Schonung seines Lebens anflehte, indem er sich erbot, ihm ein Heer zu stellen, ward das Anerbieten nicht an= genommen, sondern der Räuberhauptmann mußte sterben. Napoleon I.

durfte nicht als Genosse und Protektor eines berüchtigten Räubers erscheinen, der seine Raubthaten als Räuber, nicht aber als ordnungs-
stiftender Fürst begangen hatte. Schinderhannes hatte nicht verstanden,
durch vorgeschützten herrlichen Zweck das Mittel zu heiligen.

Indem wir nun den monarchischen Staat betrachten, so finden wir,
wenn wir den Dingen auf den Grund gehen, als seinen Ursprung und
als das ihn erhaltende Prinzip die Gewalt. Sobald nämlich die
Gewalt eines Usurpators sich zu behaupten vermag, schreibt sie den
Unterworfenen Gesetze vor im Namen des Friedens und der Ordnung,
indem sie ihnen gebietet: „Meinen Frieden soll Jedermann halten".
(Um ein Beispiel anzuführen, beziehen wir uns auf die Entstehung des
preußischen Staates und verweisen die Leser auf das in hochstelziger
Gelehrtensprache geschriebene Werk Gustav Droysen's — auf die: „Ge-
schichte der preußischen Politik") *). Indem nun der Frieden gehalten
wird, wird die Gewalt zur Gewohnheit, baut ein Ordnungs-System auf
und verwandelt sich dadurch in den Augen der Unterthanen in einen
Zustand des Rechts, freilich immer nur des faktischen, historischen Rechts.
Die Gewalt spricht jetzt im Namen des Rechts, verschanzt sich hinter
das Recht, verwächst mit ihm und scheint also das Recht selber zu sein.
Sie beruft sich auf die die menschlichen Geschicke nach der Ansicht der
Gläubigen leitende persönliche Gottheit, gibt vor von Gott eingesetzt zu
sein und nennt sich von Gottes Gnaden. So verschmilzt in der Gewalt
menschliches Recht mit göttlichem. Der Regent erscheint nun als der
Repräsentant der Gottheit, als die Vorsehung auf Erden. Die grollen-
den Parteien sucht er in sein Interesse zu ziehen und zu versöhnen oder
nöthigenfalls zu vernichten oder doch einzuschüchtern und zu schwächen.
Indem er jede Gelegenheit wahrnimmt, seine Macht durch Uebergriffe,
durch Eroberung, durch Erbe, Tausch und Kauf zu vermehren, wächst
er, beziehentlich sein durch Erbfolge- geregeltes Haus, zum allermächtig-
sten und allergnädigsten Herrn heran und unter den Eisenschwingen
seines Schutzes leben, freien und sterben seine gewaltsam und moralisch
gebundenen Unterthanen. Dem vorgeschützten Zweck ist es gelungen,
das Mittel zu heiligen. Daher die allerorts herrschende sittliche Ordnung!

In Frankreich ist durch die auf die gesellschaftlichen Zustände an-

---

*) G. Droysen ist der klassische Schriftsteller der Geschichte der preußischen
Politik geworden, nachdem er seinen Republikanismus des Jahres 1848 aufgesteckt
hatte. In den fünfziger Jahren wurde er nach Berlin berufen und hielt daselbst
den Mitgliedern der königlichen Familie, unter Andern dem jetzigen preußischen
Kaiser, Vorträge über diesen Gegenstand.

gewandte Lehre von der menschlichen Gleichberechtigung, sowie durch die
sich nun beinahe seit einem Jahrhunderte in rascher Reihenfolge voll=
ziehenden politischen Revolutionen der Glaube an das Recht des jeweilig
in der Gewalt befindlichen Usurpators nicht nur stark erschüttert worden,
sondern derselbe hat auch nie wieder die nöthige Zeit gefunden, historisch
zu erstarken und eine dauernde Ueberlieferung zu erzeugen. Daher die
Entsittlichung der Franzosen. Die französische Mittelklasse und zum
Theil auch schon der französische Arbeiterstand ist hinter die Schliche ge=
kommen, vermittelst deren sich die Gewalt als der Frieden des allge=
meinen Rechts aufpflanzt. Napoleon III., als der letzte Herrscher, konnte
sich nicht mehr allein auf die „Gnade Gottes" stützen, sondern leitete
sein Kaiserthum zugleich von dem „Willen des Volkes" her, nannte sich
also empereur par la grâce de Dieu et par la volonté du peuple.
Nachdem er gefallen, sucht er vergeblich durch den Willen des Volkes
sich wieder in der Gnade Gottes einzunisten.

Dem Willen des Volkes haben aber auch die übrigen Herrscher,
obschon sie sich wegen der Länge der Zeit, durch die sich die Legende
ihrer Familien hat festsetzen können, für legitim ausgeben, mehr oder
weniger Rechnung tragen müssen. Selbst da, wo man sich zu sagen
vermessen hatte, daß sich zwischen das Volk und das göttliche Herrscher=
recht kein Blatt Papier drängen sollte, mußte man eine Konstitution
bewilligen und eine gewisse Volksvertretung einberufen. Das göttliche
Herrscherrecht, das sich bloß auf den Glauben an den Titel „von Gottes
Gnaden" stützt, will den Völkern nicht mehr recht einleuchten und er=
innert sie an die naive Dichtung Homer's vom „göttlichen Sauhirten".

Wenn es aber einmal unvermeidlich geworden ist, dem Volke gewisse
Rechte einzuräumen, so muß Bedacht darauf genommen werden, daß diese
Rechte mehr zum Schein, als in Wirklichkeit existiren, damit sie der Macht=
vollkommenheit des Mannes, der bisher seine Gewalt von der Gnade
Gottes herleitete, so wenig als möglich Abbruch thun. Zunächst muß
zu diesem Behufe ein Monarch von Gottes Gnaden, der eine Konstitution
einzuführen gezwungen ist, nicht dem Drängen und Dräuen seiner Unter=
thanen nachzugeben, sondern aus freien Stücken, und zwar aus lauter
landesväterlicher Huld und um seinen Landeskindern einen erneuten Be=
weis seiner Liebe und Sorgfalt, sowie seines Vertrauens in ihre Besonnen=
heit zu geben, einen Pakt mit dem Volke einzugehen scheinen. Um also
die freie Hand zu wahren, muß die Verfassung durch den Herrscher
oktroyirt werden. Namentlich darf nicht gestattet werden, daß Männer
aus dem beherrschten Volke dieselbe entwerfen, ausarbeiten und dem

Fürsten aufnöthigen. Was aus reiner Gnade verliehen ist, kann — so lautet der Hintergedanke — jederzeit aus Ungnade, wofern dieß thunlich erscheint, wieder zurückgezogen werden. Ferner ist der Volksvertretung keine absolut beschließende Kraft einzuräumen, weil selbige einer fort= währenden Konstituirungs=Arbeit gleichkäme und somit die Souveränität in das Volk verlegte. Der Fürst muß sich demgemäß kraft der Gnade Gottes, durch die er sich auf seinem erhabenen Posten befindet, die Freiheit „allerhöchster Entschließung" vorbehalten. Hierzu gehört, daß er vermittelst seines Veto's jeden Beschluß der Volksvertretung null und nichtig machen oder doch verschieben, die Volksvertretung selbstständig einberufen, eröffnen, vertagen, schließen und auflösen kann. Sodann ist auch dafür zu sorgen, daß die Volksvertretung nicht den reinen Ausdruck des gesammten Volks bildet; denn sonst würde sie zu mächtig sein. Um dieß zu erreichen, gibt es verschiedene Mittel: Wahlzensus nach Stand, Vermögen, Alter, Amt, Wahlbeeinflussung seitens der Beamten und der gekauften Presse, schlaue Eintheilung der Wahlkreise und passende An= beraumung der Wahlfristen, ein gelegener Wahl=Turnus, die Durch= siebung der Gewählten vermittelst indirekter Urwähler=, Wahlmänner= oder Landtagswahlen, gänzliche Diätenlosigkeit oder auch Besoldung der Deputirten mit einem so hohen Jahresgehalt, daß dieselben mehr auf dieses Gehalt, als auf den Willen ihrer Wähler sehen, die Ablegung eines besonderen Eides der Treue, die Ausschließung aller die bestehende Konstitution berührenden Fragen aus den Debatten, eine drakonische Geschäftsordnung für die Verhandlungen und hohe Präsidialmacht, Beein= flussung der Abgeordneten durch Ministerkränzchen, durch Geld, Aemter und Ehren, und vieles Andere mehr. Vor Allem aber muß der Volksvertretung ein Gegengewicht ent= gegengesetzt werden vermittelst einer an sich konservativen und reaktionären Körperschaft. Es wird also ein Herrenhaus, Senat, Reichs= oder Bundes= rath oder erste Kammer gewöhnlich der Volksvertretung mit der Bestim= mung zur Seite gesetzt, daß, abgesehen von der erforderlichen Zustimmung der Krone oder Regierung, zum Zustandekommen jedes Gesetzes die Ueber= einstimmung beider Häuser nöthig ist. Auf diese Weise wird nicht nur der Volksvertretung ein Knittel zwischen die Beine geworfen oder besser, um den Hals gebunden, der sie fortwährend am raschen Fortschritt ver= hindert, sondern die Krone gewinnt durch eine solche Einrichtung auch den Vortheil, daß das Volk, das sich zu dieser Einrichtung hergibt, die reaktionären Interessen mit seinen eignen Interessen als gleichberechtigt anerkennt. Ferner braucht jetzt die Krone nicht jeden Augenblick sich

dadurch gehäffig zu machen, daß sie sich selber exponirt, indem sie volks=
freundlichen Beschlüssen der Volksvertreter mit dem Veto entgegentritt,
sondern sie kann den Widerstand des ersten Hauses dem Willen des
zweiten Hauses vorschieben. Demnach ist die Schöpfung des ersten Hauses
und die Einführung des Zweikammer=Systems die glückliche Realisirung
eines gegen die Volks=Souveränetät gefaßten Hintergedankens. Weil aber
möglicherweise das Haus der Pairs die ihm eingeräumte Macht, indem
nicht alle Blitze nach Unten, sondern manche auch nach Oben schlagen,
gegen die Krone selber mißbrauchen könnte, muß der letzteren die Be=
fugniß zustehen, nöthigenfalls einen Pairs=Schub vorzunehmen. Hierdurch
wird die erste Kammer geschmeidig gemacht. Diese Befugniß des Pairs=
Schubs ist also der Hintergedanke in zweiter Potenz. Louis Bonaparte
verlieh, um sich seinen Senat ganz ergeben zu machen, jedem Mitgliede
desselben ein jährliches Gehalt von 30,000 Franken, während er die
Volksvertreter, die mit allgemeinem Stimmrecht von den Präfekten und
Maires, von Feldhütern und Gendarmen zusammengetrommelt waren,
mit 12,000 Franken Jahresgehalt abfand.

Um sich jedoch noch mehr vor Exponirung zu schützen, schiebt die
Krone ihr Ministerium vor, welches selbständig zu ernennen sie sich vor=
behält. Hat sich durch volksfeindliches Verfahren das eine Ministerium
abgenutzt, wird ein neues wiederum eigenmächtig ernannt. Neue Besen
kehren gut. Das ist der Hintergedanke in der dritten Potenz.

Wo, wie im preußischen Kaiserreiche, neben der Reichsvertretung
noch Landesvertretungen mit 2 Kammern bestehen, können erforderlichen=
falls auch diese gegen die allgemeine Volksvertretung gebraucht werden.

Außerdem hat die Krone die Staatsmacht zu ihrer Verfügung und
kann mit dieser die in der Volksvertretung repräsentirte Gesellschaft zu
Paaren treiben. Die Staatsmacht ist allerdings angeblich zum Schutze
der Gesellschaft bloß da, aus deren Schoose sie durch Organisation
(Gliederung) geschaffen ist; allein im monarchischen Staate muß sie, weil
sonst derselbe keine Monarchie (Herrschaft eines Einzigen) wäre, den
Monarchen schützen, der die Gesellschaft vermittelst des Staatsmechanismus
regiert. Ist doch ohnehin in der Gesellschaft selber der Monarch das
vornehmste Glied und der durch die Ausdehnung und den Werth seiner
Domänen und sonstigen Güter reichste Mann. Seine Paläste und
Schlösser sind die schönsten, Nichts kommt seinen Kronjuwelen gleich und
sein durch die Zivilliste um Millionen erhöhtes Jahreseinkommen ist das
beträchtlichste.

In Preußen hat die königliche Krone acht in einen goldenen Knopf auslaufende Bügel, ist mit Perlen eingefaßt und mit 1l1 Brillanten besetzt, wovon der größte den Umfang einer Haselnuß besitzt. Das Szepter ist aus massivem Gold, zwanzig Zoll lang und strotzt von Brillanten und von Edelgestein. Es trägt an seiner Spitze einen aus Diamanten bestehenden Adler und dieser hochedele Vogel hat obendrein einen köstlichen Rubin von der Größe eines Viergroschenstücks auf der Brust. Der reich mit Edelsteinen besetzte Reichsapfel ist aus Silber und blau emaillirt. Das Reichspanier, eine hohe Fahne bildend, besteht aus massiv silberner Stange mit goldner Spitze und aus silbergewirktem Flaggentuch. Der Griff und die Scheide des Reichsschwerts sind aus gediegnem Golde. Das Reichssiegel befindet sich in einer drei Zoll hohen und vier Zoll dicken goldenen Kapsel. Hierzu kommt die goldene Kette des schwarzen Adlerordens und der unter die überlieferten Reichsinsignien zählende Kurhut mit Hermelin-Verbrämung.

Der preußische Kaiser betitelt sich: Wir N. N. von Gottes Gnaden Kaiser von Deutschland, König von Preußen, Markgraf zu Brandenburg, souveräner und oberster Herzog von Schlesien, wie auch der Grafschaft Glatz, Großherzog von Niederrhein und von Posen, Herzog zu Sachsen, Engern und Westphalen, in Geldern, zu Magdeburg, Kleve, Jülich, Berg, Stettin, Pommern, der Kassuben und Wenden, zu Mecklenburg und Krossen, Burggraf zu Nürnberg, Landgraf zu Thüringen, Markgraf der Ober- und Niederlausitz, Prinz von Oranien, Fürst von Hohenzollern-Hechingen und Siegmaringen, zu Rügen, Paderborn, Halberstadt, Münster, Minden, Kammin, Wenden, Schwerin, Ratzeburg, Mörs, Eichsfeld und Erfurt, gefürsteter Graf zu Henneberg, Graf zu Ruppin, der Mark, Ravensberg, Hohenstein, Tecklenburg, Schwerin und Lingen, Herr der Lande Rostock, Stargard, Lauenburg und Bütow. Andere Herrschaftstitel gesellen sich zu den vorstehenden, da durch den deutschen Bundeskrieg von 1866 die Herzogthümer Schleswig und Holstein, das Königreich Hannover, das Kurfürstenthum Hessen, das Herzogthum Nassau, die Stadtrepublik Frankfurt a. M. und kleine Striche von Baiern erobert worden sind. Das Fürstenthum Neuschâtel nebst der Grafschaft Valangin oder Valendis, welches 1032 an das deutsche Reich, 1707 an Friedrich I. von Preußen, 1805 an Napoleon und 1814 an das preußische Königshaus gefallen war, riß sich 1848 von preußischer Herrschaft los und entschwand 1857 aus dem Königstitel.

Es unterliegt keinem Zweifel, daß die Regenten nicht bloß im Staate, sondern auch in der Gesellschaft den ersten Rang einnehmen. Wenn sie also die bestehende Gesellschaft vermittelst der in ihrer Hand liegenden

Staatsmacht schützen, sind sie durch ihre gesellschaftliche Stellung und durch ihr Privat-Interesse zunächst auf den Schutz der großen Eigenthümer angewiesen. Als Schirmer der bestehenden Gesellschaftsordnung an der Spitze der Reichen stehend schützen sie sich selber in erster Reihe. Bräche diese Gesellschaft zusammen, so wäre es um ihre großen Güter und um ihren Thron geschehen. Daher müssen sie das sozial-demokratische Streben niederhalten oder auf Bahnen lenken, die, den großen Eigenthümern unschädlich sind. Die von ihnen ausgehenden oder mit ihrer Zustimmung gemachten sozialen Reformen müssen oberflächlich bleiben, sie müssen lediglich zu beschwichtigen bestrebt sein, ohne im Wesentlichen die gesellschaftlichen Zustände zu ändern, weil bei Verrückung der Machtschwerpunkte der Gesellschaft die Monarchie, die mit den bestehenden Gesellschaftszuständen verwachsen ist, unmöglich gemacht würde. Daher der Bund der Monarchie mit der Bourgeoisie. Wie die bestehende Gesellschaft, stützt sich die Monarchie auf Familie und Erbe, auf den Familienbesitz Weniger, auf die Beschränkung der erblosen Volksmasse auf Brotarbeit und Arbeitslöhne. Es empfiehlt sich ihr, die soziale Bewegung, soweit sie nicht vernichtet werden kann, zu bemeistern und zu leiten, dabei aber immer das größtmögliche Wohl der arbeitenden Klassen öffentlich zu befürworten. Der herausgesteckte Zweck heiligt die Mittel. Je ängstlicher die Besitzenden vor den sozialistischen Bestrebungen werden, um so fester werden sie sich an den Herrscher anschließen. Ein wenigstens augenblicklich sehr wirksam scheinendes Ableitungsmittel ist der Krieg und der Kriegsruhm.

Die Staatsmacht, über welche der Monarch gebietet, besteht vornehmlich aus folgenden drei großen Gliederungen:

1) dem Kriegsheere,

2) den richterlichen Beamten und

3) den Polizeibehörden.

Was das Heer anbetrifft, so ist der Monarch der oberste Kriegsherr desselben. Er ist der geborene Generalissime, auch wenn er weniger militärische Kenntnisse hat, als ein halbwegs gescheidter Unteroffizier. Im Heere ist der unbedingte Gehorsam viel mehr ausgebildet, als im Jesuiten-Orden. Der Untergebene muß seinem Vorgesetzten blind gehorchen und muß pünktlich die Befehle desselben vollziehen. Wird er kommandirt, Jemanden festzunehmen, auf Jemanden einzuhauen, Verwandte, Landsleute, Freunde oder Fremde und Unbekannte zu erschießen, so darf er nicht zaudern und überlegen, ob Solches auch wohl recht sei, sondern hat gleichsam wie eine Maschine, welche die menschliche Sprache

versteht, den Befehl zu vollstrecken. Im Kriege wird der Mord im
Großen auf kunstvolle Weise und auf Kommando vollzogen. Das nennt
man den Kriegsdienst, zu dem Jeder verbunden sein soll durch die
Kriegspflicht. Den Kriegsdienst zu leisten, wird also für eine Pflicht
ausgegeben und die freudige, genaue Erfüllung der Pflicht gilt als ein
Verdienst; denn das Wort Pflicht hat in der neudeutschen Sprache —
verschieden vom altdeutschen Gebrauche — eine moralische Bedeutung
angenommen. Ueber das ganze blind gehorchende Heer gebietet nun der
Monarch. Er hat den Ruhm davon, wenn Schlachten gewonnen werden:
mag er immerhin die Siege öffentlich der gnädigen Fügung des von den
Unterthanen geglaubten Gottes zuschreiben. Seine Söhne und leiblichen
männlichen Anverwandten, die schon in der Wiege den fürstlichen Titel
führen und prinzliche Hoheiten heißen, sind gewöhnlich ebenso selbstverständ=
liche Heerführer, wie er, und avanciren schnell zu Generälen oder Admirälen.
Möchten sie immerhin die wenigst Gescheidten sein, strichen sie doch den
Ruhm ein, den die ihnen beigegebenen höheren Offiziere erworben haben.
Wie mit diesen Dingen, geht es auch mit andern. So haben die Kaiser
Justinian und Napoleon I. sich den Ruhm als große Gesetzgeber, Julius
Cäsar und Papst Gregor sich jenen als Kalenderverbesserer beigelegt.
Durch dergleichen Escamotirung soll das fürstliche Ansehen steigen. Der
Zweck heiligt das Mittel. In altmonarchischen Staaten sind die obern
Befehlshaber fast durchgängig Leute aus dem alten Adel. Das souveräne
Recht des Kriegs und Friedens, das Recht des Schwertes, steht nur bei
dem Monarchen. Auf dem Satze, daß der Zweck das Mittel heiligt, ist
das ganze monarchische Heersystem aufgebaut.

Im Beamtenstande ist ebenfalls die monarchische Disziplin durch=
geführt, wenngleich hier der Gehorsam nicht so blind zu sein braucht,
wie beim Militär. Da die Beamten Staatsdiener sind und ihr Brot
dadurch verdienen, daß sie die Geschäfte des monarchischen Staates be=
sorgen, so haben sie vor allen Dingen die Monarchie aufrecht zu er=
halten und dem Monarchen Treue zu wahren. Der Staat beruht zum
großen Theil auf der Treue seiner Beamten; denn sie sind die Träger
der monarchischen Ordnung, welche ohne sie nicht bestehen könnte, und
sie haben die im monarchischen Sinne erlassenen Gesetze zu vollziehen.
Eine wichtige Rolle fällt hierbei den richterlichen Beamten zu. Selbige
haben sich nicht darum zu bekümmern, ob ein Gesetz an sich gut oder
schlecht ist, sondern sie müssen mit Hintansetzung der eignen Ueberzeugung
nach den vorhandenen, jeweilig in Kraft stehenden Gesetzen richten. Diese
Gesetze sind vom Monarchen verkündet und in seinem Namen wird

Recht gesprochen. Auch in der Rechtspflege bewahrheitet sich, wie wir oben bei Erwähnung der Strafgesetze bereits zu zeigen suchten, der Satz, daß der Zweck das Mittel heiligt. Der Zweck ist die Aufrechterhaltung der monarchischen Ordnung oder die Respektirung des monarchisch=staatlich= gesellschaftlichen Friedens.

Das Militär ist der schlagfertige Arm, die Richter sind das spruch= fertige Urtheil des Monarchen. Zwischen beiden Organisationen mitten inne und zwischen ihnen vermittelnd steht die Polizei. Selbige bildet das über die Gesellschaft wachende Auge des Monarchen. Zu ihr gehört der öffentliche Ankläger oder Staatsanwalt. Während die Gerichte ihrer Stellung nach von den unter ihre Behandlung kommenden Menschen voraussetzen sollten, daß sie gut seien, bis von denselben Verstöße gegen die Gesetze nachgewiesen sind, ist im Gegentheil die Polizei durch ihre amtliche Stellung darauf angewiesen, Mißtrauen gegen alle Menschen zu hegen und die Ordnungswidrigkeit derselben für möglich, ja für wahrscheinlich zu halten. Indem wir von der Polizei diesen Grundzug anführen, bemerken wir ausdrücklich, daß wir auf die einzelnen Abthei= lungen derselben hier nicht eingehen können. Doch müssen wir mit wenigen Worten der geheimen Polizei gedenken. Selbige muß alle Gestalten annehmen, alle Rollen spielen und in alle Kreise eindringen, sie muß selbst alle Beamten und sich unter einander, um Straffälligkeiten und Ordnungswidrigkeiten zu entdecken, beobachten. Wie bei Mephisto, ist Spioniren ihre Lust. Um aber ihre Aufgabe zu erfüllen, muß der geheime Agent, der ihr angehört, heucheln und sich meisterhaft verstellen können. Mit Hintergedanken muß er erscheinen, sich geberden, sprechen und handeln. Der Zweck heiligt das Mittel.

Zur Staatspolizei gehört es auch, wenn auf der Post mit ge= schickter Hand Briefe erbrochen werden, um von ihnen Einsicht zu nehmen, oder wenn die telegraphischen Depeschen einer Kontrolle unterliegen. Auch hier heiligt der Zweck das Mittel. Die beste geheime Polizei ist diejenige, deren Vorhandensein vom Publikum nicht bemerkt wird.

Insofern die zur Staatskirche gehörige Geistlichkeit zur öffentlichen Sicherheit beizutragen, auf die Sitten der Unterthanen einzuwirken und jeden Menschen als von Natur böse vorauszusetzen hat, ist auch sie eine polizeiliche Institution. Sie bildet die Polizei der Gewissen, zitirt die Seelen vor den vorgeblichen Himmelsrichter und trägt schwarze Uniform.

Nur im Vorbeigehen wollen wir bei dieser Gelegenheit auf das Schulwesen hinweisen. Werden nämlich in den Schulen die Schüler in der Staatskirche erzogen und wird ihnen vor allen Dingen die Treue gegen den Monarchen eingepflanzt, so geschieht das ebenfalls, weil der Zweck das Mittel heiligt.

Die politische Heuchelei im Parlamente und seine eigene, mit andern Worten, den anständigen, schönthuenden, die Menschlichkeit auf der Zunge führenden Jesuitismus, hat Bismarck unlängst, als er sich über „die Pfeife des armen Mannes" lustig machte, selbst konstatirt.

Also sehen wir im monarchischen Staate durchgehends die Maxime, derzufolge der Zweck das Mittel heiligt, in Geltung. Ohne die Durchführung dieser Maxime wäre überhaupt der monarchische Staat und die gegenwärtige Gesellschaft, über welche derselbe sich gesetzt hat, nicht möglich. Wir tadeln nicht, wir entstellen nicht: nein, wir sprechen bloß aus, was vorhanden ist. Das genügt uns. Ueberhaupt hegen wir nicht das landesläufige Vorurtheil bezüglich des Jesuitismus. Unserer Ansicht nach gibt es heutzutage hochangesehene Leute, welche an Klugheit im Reden und Thun die alten Jesuiten weit hinter sich lassen. Wer jetzt noch über die Jesuiten fromme Deklamationen, Homilien und Litaneien anstimmt, steht entweder nicht auf der Höhe der Zeit oder ist selbst ein verkappter, wenn auch moderner Jesuit. Die Gegensätze liegen jetzt nicht so, daß es heißt: Hier Jesuitismus und hier reine Moral; sondern heute gilt es, dem unter der Maske der Sittlichkeit sich bergenden Egoismus ebenso wohl, wie dem ungeschminkt auftretenden, das Handwerk zu legen und an die Stelle desselben die Gleichberechtigung aller Menschen, die Beseitigung jedes Vorrechts, zu setzen.

An der von den christlichen Sektenkämpfen hervorgerufenen Phraseologie hängen wir nicht mehr.

Ist die Gesellschaft auf allgerechter Grundlage errichtet und der Staat mit ihr in Einklang gebracht, dann werden andere Sitten sich Bahn brechen und die alte Moralität zugleich mit der alten Gesellschaft verschwunden sein. Denn die wirkliche Sittlichkeit ist das nothwendige Produkt der jeweiligen öffentlichen und privaten Zustände. Gut heißt, was dem jeweiligen Zustande frommt, und schlecht, was ihm schädlich ist.

Erst dann, wenn die Einzelnen, die jetzt Vorrechte genießen, sich dem Ganzen unterordnen, wenn die Gesellschaft und ihr Ausdruck, das Gemeinwesen, gleichmäßig für Alle von der Geburt bis zum Grabe Sorge trägt, kurz, wenn die Gesellschaft nicht mehr die Einzelnen für die Gebrechen, die sie an sich selber trägt, verantwortlich macht: — erst dann wird die Harmonie zwischen dem Einzelmenschen und der Gesammtheit einkehren, jene Harmonie, bei der sich in den Sitten der Einzelnen die Vortrefflichkeit der Zustände abspiegelt und welche wir jetzt vermissen.

Schluß.

— — —

Am 6. März des laufenden Jahres äußerte Bismarck im Berliner Herrenhause (siehe Frankfurter Zeitung vom 8. März 1872, zweites Blatt, Nummer 68):

„Es gibt eine Partei, deren Ideal in der Zeit liegt, in der das Kommando des Rittmeisters schwächer wird als der Einfluß des Beichtvaters.... Dieses Ideal unzuverlässiger Rekruten wird nicht erreicht werden..."

In diesen Bismarck'schen Worten ist die Bedeutung der ganzen kirchlichen Bewegung der Neuzeit trefflich charakterisirt. Mit den lauteren Ideen der Gegenwart, mit den Forschungen der Wissenschaft, mit dem Ringen der arbeitenden Klassen nach Gleichberechtigung und nach Abschaffung der von einseitigen Gesetzen geschützten Ausbeutung der Händekraft hat der wüste Katholiken = Lärm nicht das Entfernteste zu thun. Dieser Kampf der modernen Jesuiten gegen die alten Ordensbrüder ist ein Streit unter Sumpfbewohnern. Es ist ein Herrschaftshaber der Reaktionäre unter einander. Es ist ein widerlicher Krakehl, von welcher Seite man ihn auch betrachten möge. Der Junker Rittmeister ist bange, daß ihm der Mann der Kutte die Rekruten unfolgsam macht. Mit andern Worten handelt es sich darum, ob der Staat der Bevorrechteten ein kaiserlicher Militär= und Gamaschenknopfstaat oder ein päpstlicher Pfaffenstaat sein, ob der Krummstab oder der Säbel das Regiment über die leidende ausgebeutete Menschheit führen soll. Bisher hatten wir allen Grund zur Annahme, daß diese Frage bereits durch die große geschichtliche Thatsache der Reformation entschieden und ins Trockne gebracht wäre. Im Mittelalter war ein solcher Kampf am Platze; jetzt, von der Höhe der Neuzeit aus besehen, erscheint er dagegen als Lappalie, ja was noch mehr, als Karrikatur und Faschingsposse. Aber dieser galvanisirte Krieg zwischen den Unken und den Fröschen zeigt uns, in welchen Träumen sich die zäsaristische Gevatterschaft wiegt. Schon dünken sich die Kaiserlichen die Herren der Welt.

Der Papst behauptet unfehlbar zu sein. Ebenso beansprucht ein Kaiser und König kraft der behaupteten Majestät die Unfehlbarkeit. Wenn die Herren selber daran glauben, so wollen wir ihnen das Vergnügen, das sie vielleicht in diesem Glauben finden, gerne gönnen. Nur sollen sie uns in Frieden lassen und uns auch glauben lassen, was wir wollen. Uns kann es ziemlich gleichgültig sein, ob der Papst vermöge seiner Unfehlbarkeit den ersten Fürstenrang beansprucht, oder ob Solches irgend ein neuerstandener Zäsar thut. Denn wir wissen, daß weder der Eine, noch der Andere von ihnen mehr mit unserer Zeit sich verträgt und noch viel weniger eine Zukunft hat. Die Tiara und die Kaiserkrone sind für ein gemeinschaftliches Grab bestimmt. Auch Einbalsamirung kann sie nicht wieder lebendig machen, nicht das Lärmen der Lohnschreiber über Jesuiten-Kabalen sie von den Todten erwecken.

Das preußisch-deutsche Kaiserthum merkt selber, daß es nicht mehr für die neue Zeit paßt. Es fühlt sich unheimlich. Die bloßen Franzosenzüge genügen ihm nicht. Es ist nach Römerzügen und nach rumänischen Türkenkriegen lüstern. Aber das heilige römische Reich deutscher Nation läßt sich nicht wieder herstellen. Ein schwacher epileptischer Papst, bevormundet von seinem Palast-Präfekten, ein von seinem Reichskanzler berathener und getragener Kaiser, der nur Bundesoberhaupt ist, sind nicht die kräftigen mittelalterlichen Gestalten mehr. Das Zeitalter der Wissenschaft und der großen Erfindungen taugt für sie nicht. Das junge Europa kümmert sich um sie nicht. Die europäischen Völker kehren ihnen den Rücken.

Ueberall erscheint das Volk selbst auf der Bühne. In Billionen sichtbaren und unsichtbaren Verschlingungen und Verkettungen webt sich immer fester der internationale Bruderbund. Wir haben Besseres zu thun, als uns um Kaiser und Papst herumzukämpeln. Gehen wir daher als ernste Männer über alle Narrenspossen und Ammenmährchen zur europäischen Tagesordnung über!

www.ingramcontent.com/pod-product-compliance
Lightning Source LLC
Chambersburg PA
CBHW030614290326
41930CB00050B/1342